Casarte 卡萨帝

THE STORY OF CASARTE
卡萨帝的故事

《卡萨帝的故事》编委会 / 编

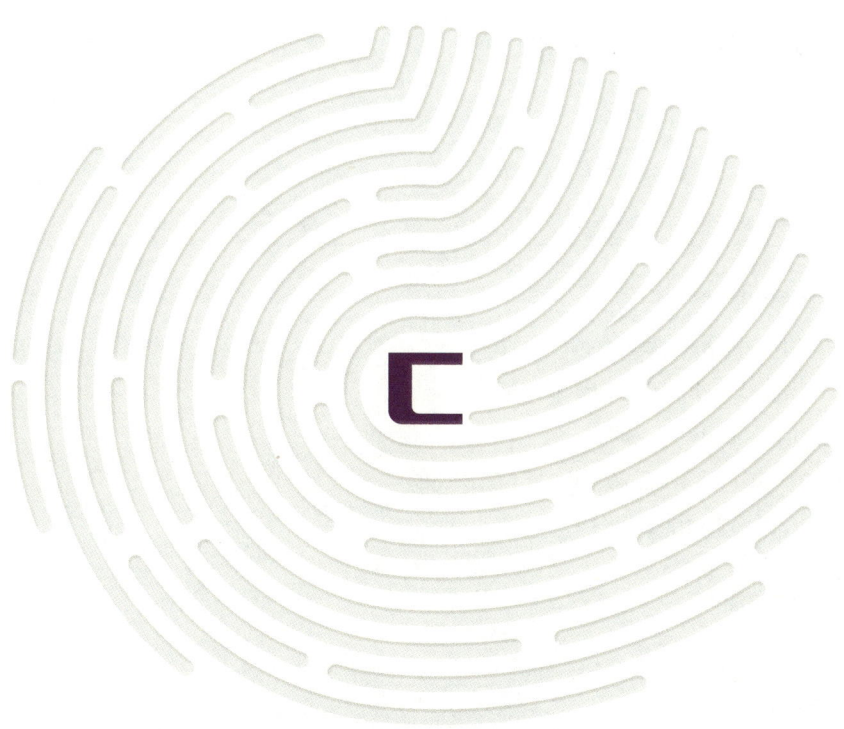

国际高端家电品牌
科技・精致・艺术

青岛出版社
QINGDAO PUBLISHING HOUSE

图书在版编目（CIP）数据

卡萨帝的故事 /《卡萨帝的故事》编委会编. -- 青岛：青岛出版社, 2018.11

ISBN 978-7-5552-7758-3

Ⅰ.①卡… Ⅱ.①卡… Ⅲ.①日用电气器具－企业管理－销售服务－中国－通俗读物 Ⅳ.①F426.6-49

中国版本图书馆CIP数据核字(2018)第231334号

书　名：卡萨帝的故事　KASADI DE GUSHI
编　著：《卡萨帝的故事》编委会
承　办：青岛新之航文化传播有限公司
策划统筹：桑　野
责任编辑：逄　丹　肖　雷
特约编辑：宫龙珠　李亚倩
装帧设计：谢菲菲
发行统筹：孙天蓉

出版发行：青岛出版社
本社网址　http://www.qdpub.com
邮购电话　13335059110　0532-68068026
印　刷：深圳市国际彩印有限公司
出版日期：2018年11月第1版 2018年11月第1次印刷
开　本：16开（787毫米×1092毫米）
印　张：18.75
字　数：112千
图　数：365幅
印　数：1-20050
书　号：ISBN 978-7-5552-7758-3
定　价：98.00元

未经许可，不得以任何方式复制或抄袭本书部分或全部内容
版权所有，侵权必究
本书若有质量问题，请联系调换。电话：0532-85659898

序

国际高端家电品牌：卡萨帝

卡萨帝，国际高端家电品牌。她为爱而生，是家的艺术。

卡萨帝在全球市场的品牌为Casarte，源于意大利语，"La casa"是"家"，"arte"是"艺术"，Casarte将两者合二为一，寓意"家的艺术"。

卡萨帝品牌创立以来，不忘初心，像做艺术品一样做家电。她用超前战略眼光，洞察消费升级，保持技术引领，始终追求科技、精致、艺术，如今已成长为实至名归的国际高端家电品牌。

品牌是对用户的承诺与责任。高端品牌是全流程的高端体验。

卡萨帝凭借战略坚持，全球视野，形成了全球引领的高端平台。

卡萨帝有高端的原创科技能力。在全球布局5大研发中心。海尔一系列的全球并购，为卡萨帝兼收并蓄了全球的优势：汲取整合通用家电的科技，吸收日本三洋白电的工艺，融合新西兰斐雪派克的品质。

卡萨帝有高端的艺术设计能力。在全球拥有14个设计中心，共获全球顶级设计大奖33项，是中国高端家电获奖最多的品牌。

卡萨帝有高端的精致工艺能力。依托全球领先的COSMOPlat（海尔工业互联网平台）智能制造体系，实现定制、互联、智能、可视。

卡萨帝有高端的七星级服务能力。创立了世界高端家电首个七星级服务标准，首个智慧云服务平台，打造高端服务体系。

海纳百川的高端平台，打造了原创艺术家电，磨砺了极致用户体验：细胞级养鲜冰箱、"空气洗"洗衣机、分区送风空调、固态制冷酒柜、零冷水恒温热水器、风动能油烟机……

颠覆式创新方案，获得了高端用户青睐。卡萨帝全球高端用户已突破1200万，拥有世界级的高端用户榜单。

卡萨帝十几年来坚守高端战略，近几年像荷塘效应一样全面爆发，核心在于有效践行人单合一的管理模式，进行颠覆式创新。

卡萨帝从交易颠覆为交互。卡萨帝开展高端用户服务，高端社群交互，高端圈层发酵。

卡萨帝从研发颠覆为迭代。传统研发是为产品找用户，迭代创新是为用户找产品。

卡萨帝让顾客变成用户、终身用户。顾客只有交易关系，不可识别，用户可以交互，终身用户才能形成生态。

卡萨帝是人单合一的硕果，正在从产品品牌、平台品牌，一步步升级为生态品牌。

没有成功的企业，只有时代的企业。

卡萨帝将持续引领生活方式变革，创建物联网时代的高端生态品牌。

卡萨帝 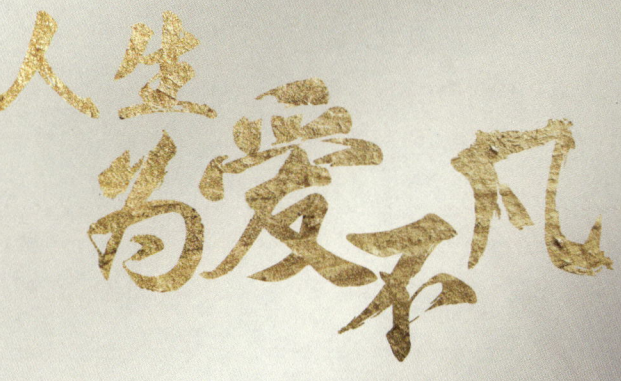人生
为爱不凡

全球最大成套
白色家电研发基地

日本熊谷家电
研发中心

在全球布局5大研发中心。
一系列的全球并购,卡萨帝兼收并蓄了全球的优势。

在全球拥有14个设计中心。
获全球顶级设计大奖33项,是中国高端家电获奖最多的品牌。

目录

第一篇
国际高端品牌

序	3
韩国"海归"给卡萨帝100个赞	14
卡萨帝专业户	16
北方人在江南的幸福生活	18
老妈的好眼光	20
怪不得那么顺手	22
闺蜜的礼物	24
因为你的美丽，我选择了你	26
"我的眼光会差吗？"	28
"暴脾气"老丈人大转变	30
卡萨帝，你想和我一起拥有吗？	32
三年的重遇	34
与卡萨帝情定马尔代夫	36
第三台冰箱	38
洗衣的男人我骄傲	40
宁静的夏天	42
二话不说，抬回一台冰箱先	44
女儿的嫁妆	46
卡萨帝让我自豪	48
重新认识卡萨帝	49
优雅生活的起点	51
五层别墅配了5台卡萨帝冰吧	53
别墅里的卡萨帝"展厅"	54
儿子怕热，儿媳怕冷？七台天玺来解决！	56
△新鲜的艺术	57

目录

第二篇
原创高端科技

卡萨帝让我找到了在美国留学的感觉	60
卡萨帝"稳住了"我的月子病	62
听不见她在洗衣服	64
洋气的婆婆	66
买得贵,用得值	68
保鲜了五六个小时,鱼还活着!	70
找到了你,解放了我	72
卡萨帝让我变成居家好男人	74
有你,盛夏不难熬	76
五十多岁的我还能被艺术生活的创造者击中	78
半夜煮夜宵,不怕没青菜	80
征服了"理工男"的卡萨帝	82
省时省力新神器	84
别了,干洗店	86
"IT男"的智能之选	87
不要吊柜,要卡萨帝	89
科技点亮生活,真心的	91
空气洗让我欣喜若狂	93
难以置信的便捷	95
卡萨帝让我爱上了洗衣服	97
卡萨帝帮我尽孝	99
卡萨帝煮的米,让袁隆平忍不住带头吃!	101
国家一级演员也用卡萨帝	102
首创固态制冷科技打造刘嘉玲"私人酒柜"	104
△洗护的艺术	105

目录

第三篇
设计高端艺术

不用看了，就是它了	108
买个酒柜送客户	110
哆啦A梦的神奇口袋	112
设计师真了不起	114
挑剔的姥姥也选卡萨帝	116
你让我的生活春风扑面	118
冰箱里放下了一只羊	120
从"小资女"到好妈妈的华丽转身	122
从此孩子洗衣服	124
像一件美丽的装饰品	126
看见你就是你别怀疑	128
颜值爆表卡萨帝	130
少买衣服少买包，也要买卡萨帝	132
简直就是不会说话的机器人	134
故友般的似曾相识	136
卡萨帝让我念念不忘	138
孩子用也放心的冰箱	140
送卡萨帝就是有面子	142
解决所有洗衣困惑	144
二宝的玩具	146
卡萨帝果然名不虚传	148
天衣无缝匹配地中海风情	150
△呼吸的艺术	151
"海归"儿子向我推荐卡萨帝	154
我愿为工匠精神付费	156
生活每天新鲜而快乐	158
卡萨帝，贼炫儿	160

第四篇
精致高端工艺

10

目录

用功率计亲测卡萨帝	162
有了卡萨帝，孩子自己能洗澡	164
就一个字，爽！	166
速冻饺子有了安全的"家"	168
婆婆推荐给我，我推荐给朋友	170
妈妈推荐我用卡萨帝	172
样机都没见，我就选了卡萨帝	174
家的味道	176
远超预期的洗衣机	178
为你写诗	180
无法言语的幸福	181
对细节，卡萨帝做到近乎完美	183
"三高"产品，品质生活	185
用户撰写"善行天下"称赞卡萨帝热水器	187
四年惊喜，终身信赖	188
△ 亲水的艺术	189
因为亲子活动，我认识了卡萨帝	192
从楼上吊下来了冰箱	194
提意见？编不出来！	196
一款只有你想不到的空调	198
由精致礼物引发的套购	200
除夕的服务	202
把顾客当朋友的品牌	204
卡萨帝空调必须免费安！	206
精益产品的精益服务	208
感谢卡萨帝客服！	210
冰箱成了女儿的玩具	212

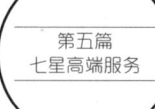

第五篇
七星高端服务

目录

午饭都顾不上吃的敬业精神	214
卡萨帝满足了我对冰箱的所有幻想	216
高端品牌服务必然完美	218
免费哦！服务真不错！	220
这速度太给力了	222
盒子怎么用？售后主动来反馈	223
"您满意就是我们的成就"	225
令国家表演艺术家都念念不忘的卡萨帝	227
戴红花走红毯，纤见这样"嫁"到用户家	228
坚守对用户的承诺，寒冬中苦等一小时	229
△ 烹饪的艺术	231
△ 品鉴的艺术	233
卡萨帝皇室贵族用户	236
卡萨帝各国政要用户	238
卡萨帝权威专家用户	246
卡萨帝行业精英用户	248
卡萨帝明星大咖用户	254
★卡萨帝大事记	294

卡萨帝名人堂

第一篇 国际高端品牌

卡萨帝，源起于一个创造国际高端品牌的梦想。

为了让梦想照亮现实，卡萨帝用超前的战略眼光抓住时代机遇、洞察消费升级趋势，并投入巨大的财力、物力、人力，调研市场、交互用户、打磨自我、迭代产品。超凡的远见和超强的实力，成为卡萨帝占位引领市场的强力引擎。

所有的成长都必然经过煎熬和历练，卡萨帝今日之成就同样并非一路凯歌。在艰辛曲折的前进道路中，卡萨帝完成了技术、设计、工艺、服务量变到质变的积累，具备了品牌腾飞的一切必备因素。

12年的时光里，卡萨帝实现了从优秀、卓越到国际家电高端品牌的完美跨越。

国际高端品牌

- 用户：秦雪
- 地点：吉林珲春
- 产品：621升鼎级云珍多门冰箱
- 晒单时间：2016/01

韩国"海归"
给卡萨帝100个赞

身边的朋友要购买家电，我都会向他们推荐卡萨帝的产品，因为这个品牌真是让人用着放心、使着舒心。

我曾在韩国生活多年，而老公则是地地道道的东北汉子。算得上"跨国婚姻"的我们，虽曾生活在不同的文化背景下，但感情一直很好，鲜有争吵。可我俩却为新房买什么品牌的冰箱，第一次争辩了起来。

之前在韩国生活时，我使用的家电都是韩国本土品牌的，已养成固定的使用习惯。因此，在选择冰箱时，我坚持买韩国品牌。但我老公则认为买家电还是应该从需求出发，多方比较。他给出的选择是卡萨帝冰箱。

一向顺着我的老公，这次竟会因一台冰箱而与我意见相左。对他罕见的"反其道而行"，我感到有些不悦，当即沉下脸来。老公也察觉到了我情绪的变化，为了不让我生气，他最终选择了妥协。

去家电卖场交钱当天，"有心机"的老公没有立即付钱，动员我再转一转。我心想，反正都要买了，再看一看也无妨，于是便逛了起来。不料这一逛，竟中了老公精心安排的"圈套"。在他的引导下，我第一次走进了卡萨帝品牌专营店。

国际高端品牌

说实话,第一眼看到卡萨帝,我感觉它的外观设计并不完全符合我的审美观。可当我随手找了一台卡萨帝冰箱打开时,我才猛然觉得,刚刚的想法是多么肤浅。"这冰箱的内在设计实在是太敞亮了!"这句话,几乎在我打开冰箱的同时脱口而出。

那一瞬间,我感到被卡萨帝彻底征服!

我焦急地把老公叫到身边,对他说:"你看里面的功能区设计真的很贴近生活。刚才一打开冰箱,投射下来的照明灯让我感觉很舒服,各个功能区错落有致、分工合理,设计的线条十分柔和,一看就是下了很大功夫,用了心的。不像某些品牌,内里设计刻板古老,没有情调。"老公对于我突然的转变,有些措手不及。不过他很快反应了过来,笑着对我说:"你终于理性了一把啊。"

就这样,卡萨帝成了我家的一员。

不用不知道,卡萨帝冰箱不仅设计极为人性化,而且强大的功能更给了我很多惊喜:蔬菜、水果放进去好几天都和新鲜的一样;每次一开冰箱,大大的背景灯都让人心情愉悦;智能、可变温调节的操作让我愈发感觉这款冰箱"高大上";如果忘记关门或者冰箱门关不严,马上就会有提示。此外,卡萨帝冰箱虽然容量大,可是很省电。

除了产品本身,卡萨帝完美的服务也让我无可挑剔。安装时细心,安装后回访,售后人员还教会了我如何在卡萨帝网站注册会员,用积分兑换礼品等。

我真要给卡萨帝100个赞!

如今,身边的朋友要购买家电,我都会都向他们推荐卡萨帝的产品,因为这个品牌真是让人用着放心、使着舒心。

(晒单故事作者:秦雪)

(头像为用户家人)

扫二维码,
看晒单故事原文

国际高端品牌

用户：张先生
地点：山东烟台
产品：悠享单门冰吧
　　　360升云珍意式冰箱
晒单时间：2018/03

卡萨帝专业户

有时亲戚朋友来到我们家，看到我们的冰箱，都投出赞赏的目光，我也渐渐因它而自豪。

　　说起我与卡萨帝的相识，真是一次很有缘分的邂逅。

　　三年前，我刚刚踏进现在上班的单位工作。我平时喜欢喝点红酒、品品茶。我公司有一台冰吧，里面经常存放着不同品类的饮品以及零食作为员工福利，保鲜和速冷功能强大。不论是食物还是饮品都可以很好地保存，且占据空间也不大，正好符合我的需求！于是我仔细研究了一下公司里的冰吧，发现它是卡萨帝的。我直接没有考虑其他品牌，随即也买了一台卡萨帝冰吧，这就是我们的第一次相识！

　　自从卡萨帝冰吧来到我家，就让我感觉十分有面子。它精致大气的设计，摆在家里十分气派。我妻子经常说，还是我们公司的领导有眼光，这的确是一款不错的产品。

　　后来，在我和妻子的不懈奋斗下，终于买上了属于自己的房子。2018年完成装修之后，我们便开始布置家电。现在有了大房子，再也不担心家里没地儿放冰箱了。于是我和妻子商量，既然卡萨帝冰吧使用体验那么好，要不然冰箱我们也买卡萨帝吧！妻子连连点头，表示赞同。就这样，一台卡萨帝大冰箱又来到了我家。

　　卡萨帝冰箱大气稳重的设计，给人一种安心感和信赖感。内部空间充足，可以容纳基本生活所需的东西，重点是保鲜和制冷效果惊人。正是基于产品过硬的质量和感觉，我觉得我有必要好好地珍惜它、爱护它，把它当成家里功不可没的一分子。有时亲戚朋友来到我们家，看到我们的冰箱，都投出赞赏的目光，我也渐渐因它而自豪。

　　现在家里的MINIBAR（迷你吧）是卡萨帝，

国际高端品牌

冰箱也是卡萨帝,家里满满都是卡萨帝的艺术气息。前两天一个朋友来,看我家又增添了一个卡萨帝,说我家都成了卡萨帝专业户了,哈哈!听到这样的话,我感到幸亏当初我选择了卡萨帝,让卡萨帝成为了家里的一分子,才让我们的夏天,清凉舒适,生活也变得更美滋滋!

基于分享这种快乐的理念,我开始向朋友们推荐卡萨帝,让他们也了解卡萨帝,接受卡萨帝,让卡萨帝走进他们的家庭中。

因为品质所以信赖,因为信赖所以分享,因为分享所以快乐,因为快乐所以纵享生活。此时,卡萨帝变得不只是单一的家电,更是快乐的源泉和生活的伴侣。

(晒单故事作者:张先生)

扫二维码,
看晒单故事原文

国际高端品牌

北方人在江南的幸福生活

- 用户：倪先生
- 地点：江苏镇江
- 产品：631升朗度T型冰箱
  幂级云裳滚筒洗干一体机
- 晒单时间：2017/09

作为既贪图江南美色又讨厌梅雨潮湿的纠结的我，没想到在选择了卡萨帝冰箱和洗衣机之后，再也没有因为"衣"和"食"纠结过，日子反倒是过得越来越幸福了！

说起地域间的差异，无非就是"衣食住行"四个方面。但"食为根本，衣为表本"，这两者，更成为地域之间差异性表现之所在。而我，作为一名正宗的北方汉子，由于工作调动，无意间闯进了南方小城，才真真切切地感受到了南北之间巨大的"衣食差异"。

先来说说"食"吧。我是一个资深吃货，喜欢把各种美食搬上自家餐桌。但身为北方人，在苏南工作的十几年里，虽然已经慢慢习惯了江浙菜系，但吃起来还是觉得口味偏淡。尤其是老婆家里的亲戚都喜欢清淡的食物，对于我这种从小重盐、重辣、重酱的吃货来说简直是一种煎熬。所以，每到休息日我就会自己制作一些北方的菜肴和面食，来满足我的口腹之欲。

说到做饭，喜欢做饭的朋友们都有一个共同的喜好：拥有一个功能齐全、又大又漂亮的厨房。我也不例外。因此新房装修时，我特意自己设计了新房的装修风格，厨房更是重中之重。在整个装修中，厨房就花掉近30%的预算。当然，好的厨房必须得有一台好的冰箱与之相称，因为一台好冰箱对于一个家庭来说，重要性不亚于一个好厨师。食材的保存和前期处理对美食成品的口感影响很大。尤其是对于上班族来说，更为重要。很多是周末集中采购一次食材，用冰箱储存一周，所以有一台好冰箱非常重要。

经我再三考察、网络分析以及做家电朋友的反馈建议，最终选择了卡萨帝的631升朗度T型冰箱。现在，这台冰箱已成为我烧饭时的忠实助手和厨餐厅的一大亮点。作为开放式厨房进来第一眼看到的电器，它更为整个厨餐厅提升了格调。

说完"食"，咱再来说说"衣"。说到穿衣，就必然要和江南的烟雨美景以及洗衣机扯上关系。

江南烟雨，这应该是形容如诗如画的江南美景的。漫步在江边湖畔的细雨中，沉醉在亭

国际高端品牌

用户家中实景

台楼阁的园林里,不得不说一声江南好风光。这是一个看惯了枯枝落叶、满地金黄的北方人对江南美景的一种赞叹。说到这里,朋友们不禁要问,让你说说差异所在,你怎么吹嘘起江南烟雨的美景?那是因为江南烟雨、洗衣机与南北差异化之间真是有着莫大的关系。

江南流行着这样的谚语:雨打黄梅头,四十五日无日头。意思就是江南每年四月份进入梅雨季节时,有近一个半月见不到太阳。作为北方人,在苏南工作的十几年里,既喜欢梅雨季节时的烟雨美景,又觉得潮湿的天气简直是一种煎熬。每到梅雨天气,洗过的衣服总是要好久才能干,干了之后也会有一种发霉发馊的味道,甚至用过的毛巾在整个梅雨季节就没有干过。

所以,我结婚后就买了一台带烘干功能的洗衣机。可新洗衣机用过几次之后发现,洗衣机的容量买小了,烘干数量太少,很难满足三口之家的使用。尤其是每周洗床单被套的时候,老婆总是抱怨原来的洗衣机容量小,烘不干。我也渐渐明白过来,一台大容量带烘干功能的洗衣机对于一个江南家庭来说,重要性简直不言而喻。

鉴于之前使用卡萨帝冰箱有着良好体验,所以换洗衣机时,我也是直奔卡萨帝而去。现在这台洗衣机已成为老婆洗衣服的忠实助手,强大的烘干功能完全征服了老婆,老婆再也没有抱怨过。

作为既贪图江南美色又讨厌梅雨潮湿的纠结的我,没想到在选择了卡萨帝冰箱和洗衣机之后,再也没有因为"衣"和"食"纠结过,日子反倒是过得越来越幸福了!

(晒单故事作者:倪先生)

扫二维码,
看晒单故事原文

扫二维码,
看晒单故事原文

国际高端品牌

| 用户：王女士
| 地点：山东烟台
| 产品：幂级云裳滚筒洗衣机
　　　801升朗度双开门冰箱
| 冰箱晒单时间：2017/12

老妈的好眼光

自从有了卡萨帝，女儿一家也非常高兴，经常夸我说："老妈，你真有眼力，选择的产品我们都非常喜欢！"每到这时，我都感到十分欣慰且自豪。

　　我与卡萨帝的故事，要从三年前说起……

　　三年前女儿结婚的时候，我负责为女儿准备家电。对于我来说，女儿结婚是一生中最大的事情，也是我们家庭中最大的事情，家电当然要选择最好的产品。于是我辗转各大家电卖场，开始仔细地为女儿挑选家电。

　　也就是因为这件事，我认识了卡萨帝。犹记得那天，我走进家电卖场，就被不远处一台设计精美的洗衣机吸引住了。我赶紧走上前去，对这台洗衣机进行了细致了解。在销售人员的讲解下，我了解到它原来是国际高端品牌卡萨帝，功能强大、细节极致完美，完全符合我对女儿嫁妆的要求。就这样，第一台卡萨帝产品走进了我家。

　　使用后，我发现选择卡萨帝是我一生中选择家电最正确的一次。从外观到产品性能的方方面面，都是那样理想。应该说这个产品，给我挣足了面子！不仅外观大气、美观、时尚，功能也十分齐全，大大方便了女儿的生活。自从有了卡萨帝，女儿一家也非常高兴，经常夸我说："老妈，你真有眼力，选择的产品我们都非常喜欢！"每到这时，我都感到十分欣慰且自豪。

　　也就是从那时起，我便爱上了卡萨帝，爱上了它的产品。后来，女儿家又增添了墙上挂的卡萨帝小洗衣机，使用起来，还是一样的智能、便捷。女儿也经常对我说："老妈，只要买电器，以后咱就全部买卡萨帝的。"

　　去年妹妹家装修新家，我跟她说："装修一次新家不容易，那么多钱都花了，就不差最后一"嘚瑟"，使点劲儿，买个最好的产品吧。卡萨帝是经过我们充分验证的好产品，你相信我没有错。"在我的劝说下，现在她家的冰箱、洗衣机、热水器全部是卡萨帝的。

国际高端品牌

　　为了这件事，妹妹还经常跟我打趣说："卡萨帝给了你什么好处，你都快成了卡萨帝的导购员了。"我哈哈大笑，还真是，我竟无意中成了卡萨帝的宣传员。但自从妹妹家用了卡萨帝的产品，他们一家人都非常高兴。虽说贵了点，但买的产品好，也值了，还谢谢我呢！

　　今年，为了照顾女儿方便，我又在烟台莱山区女儿家的附近买了一套新房。准备家电时，我当然还是选择卡萨帝的产品，买了卡萨帝最大的冰箱。我在黑龙江的亲属经营一家绿色农场，我每年冬天都会去黑龙江，拉回一大车的绿色有机食品，用于接下来大半年的家庭饮食。除此之外，我每年还会去荣成的海参养殖场，买回一些新鲜有机海参，这就要求我的冰箱必须容量够大，而且保鲜功能强大。

　　卡萨帝完全没令我失望！良好的密封性以及强大的保鲜功能，还有合理的分区设计，将我这满满的一大冰箱食物很好地储存起来，即使七八个月之后再拿出来吃，也依然鲜嫩如初，而且分区放置，一点儿都不担心串味！

　　我的大冰箱里装了太多的绿色食品，每每吃到这样好的食品，我们一家人都会非常高兴地称赞我的眼光，夸我买了卡萨帝这样高端大气、大容量的冰箱，给我们的生活增添了太多的幸福感。每到这时，我心中都充满了感激，感谢卡萨帝的产品，给我们带来了如此幸福的生活。

　　卡萨帝，将是我一生的最爱。

（晒单故事作者：王女士）

扫二维码，
看晒单故事原文

国际高端品牌

- 用户：赵梁
- 地点：重庆
- 产品：622升朗度双开门冰箱
- 晒单时间：2017/10

怪不得那么顺手

她还真没想到，自己家的三台冰箱，有两台都是卡萨帝，怪不得用起来那么顺手！

新房在一个高尔夫小区，很安静，风景也很美，装修完成后准备添置一批新的家电。当时就想先到处逛逛，等货品全部选好之后一起下单。

由于我比较注重饮食健康，即使上班时间，也坚持每天回家吃饭。所以，一台好冰箱对我来说意义重大。选购冰箱时，我留的预算是八千块，心想八千块，应该可以买一台很好的冰箱了吧。直到路过卡萨帝的门店，原来的预算计划瞬间土崩瓦解……

卡萨帝大气豪华的外观瞬间吸引了我，颜色也是我喜欢的莫兰迪灰和香槟金，表面一层水晶般的亚克力材料，双开门、大容量、超静音，关键是无霜、无冰、超长保鲜都令我十分满意！话不多说，直接被卡萨帝征服，立即入手！

后来，与朋友交流起买卡萨帝冰箱的整个过程，朋友都觉得不就是个冰箱嘛，选哪个不都差不多？

为了证明他们的观点是错的，我直接邀请他们来到我的家中。当他们亲眼看到我所选的冰箱时，曾经的不理解马上转变成了羡慕，纷纷表示自己家电器换代的时候，一定要考虑和我们家一样的高端冰箱品牌。听到这些话，说实话，我心里还是挺得意的，就像我本人作为卡萨帝的"粉丝"，又给偶像拉了不少"新粉丝"一样。

我还有一位好朋友，家里别墅的食物储物间，靠墙排了三台大冰箱，平时塞满了各种饮料、速冻食品、新鲜蔬菜和水果、土鸡、土猪肉等，简直就是一间大仓库。她平时也很少下厨房，只安排采购各种食物，很少整理储存。她的意见是冰箱冰柜之类的设备能制冷、空间大就足够了，智能、科技保鲜之类的只是噱头，他们家三台冰箱也用得好好的，没必要追求什么品牌和功能。因此，听我夸完卡萨帝的

国际高端品牌

各种好处之后,表示不屑。结果,过了两天她给我打电话说,她还真没想到,自己家的三台冰箱,有两台都是卡萨帝,怪不得用起来那么顺手!我听完之后哈哈大笑,原来你才是卡萨帝的"真粉丝",竟然还不自知!

跟更多的好朋友分享了这个故事之后,朋友们对这个冰箱品牌更加刮目相看,也更坚定了以后冰箱换代一定选购卡萨帝的信念。

品牌的推广单靠媒体灌输,效果是有限的。品牌的建立一定要靠口碑相传,口碑做起来了,品牌形象的塑造才能事半功倍。通过冰箱这个切入口,我们大家对卡萨帝的其他产品也充满了期待。

我也希望,有一天家里的大小电器,从冰箱到洗衣机到电视机,都能用上卡萨帝!

(晒单故事作者:赵梁)

扫二维码,
看晒单故事原文

国际高端品牌

用户：陈先生、陈女士
地点：福建厦门
产品：悠享单门冰吧
晒单时间：2018/01

闺蜜的礼物

对我来说，这台冰吧已不仅仅是一台家用电器，更是我和闺蜜友情的见证。因为，朋友就是这样无微不至地关心你，希望给你最好的。

今年年初，新房的设计、装修终于全部完成，我也开始购置家电。闲来无事，就和闺蜜去逛家电卖场。因为是新房，想好好布置一番，所以这次在家电的选择上，我也更偏向高端。

之前家里一直用的是海尔家电，质量好，用了很久都没坏过。因此对于海尔，我是比较认可的。到了卖场之后，我和闺蜜就直奔海尔而去。想起老公平时喜欢喝红酒和品茶，我便先从冰箱开始看起。可是看了好几款，我都感觉不是自己想要的那款，于是我便向销售人员询问：还有没有更高端的产品？

销售人员得知了我的需求后，给我推荐了卡萨帝。那是我第一次看到卡萨帝冰吧，只是那一眼，我就深深爱上了这款冰吧。外观漂亮大气，设计得很有格调，远远看去，就像一台艺术品。于是，我拉着闺蜜在卡萨帝这里深入了解了一番。果然不出所料，卡萨帝冰吧的所有功能，都是我所需要的。我是越看越喜欢，一时竟入了神。闺蜜在旁边看着我出神的样子偷笑，替我又咨询了好多问题。

当时我只知道卡萨帝是国际高端品牌，并且深受欧美等国家消费者的喜爱。亲眼一看，果然如此。当然，好东西自然价格不会低，我虽喜欢这台冰吧，又纠结于价格，最后还是没舍得，拖着闺蜜走了。

本以为自此我和卡萨帝就这样有缘无分了，谁曾想，乔迁前的前一天，却闹出了一个和卡萨帝有关的笑话。那天下午我休息，在家打扫卫生，突然接到一个电话，说我有一台电器要送来。当时我就纳闷了，我没买电器呀。不假思索，马上打电话询问老公。结果老公也莫名其妙，说他没买，是不是送错了？

于是我立马与送货人员联系，一再确认收货人的名字跟电话。可得到的结果的确没错，就是自己家，自己名字。我开始瞎寻思，难道是那种网络诈骗的？给你送个货，然后再找你收钱？现

国际高端品牌

在骗子多,天下没有白吃的午餐。

正在我纳闷之际,老公给我回了个电话,嘱咐我不要贪便宜,让我不要收货。于是我立马联系了物流,推脱说人没在家,明天才在。事后想想,还觉得当时太危险了,毕竟是自己一人在家,小区又是新交房,住的人很少,都在装修,人流杂乱。

第二天一大早,我收到一条微信,闺蜜发的,说冰吧还满意吧?顿时明白了,原来那个冰吧是闺蜜送的!这着实让我感到惊喜和意外!

我这闺蜜平时大大咧咧的,一点儿不正经,对自己也很抠、很节俭。没想到她竟偷偷帮我买下这台价格不菲、还不能砍价的卡萨帝冰吧,说送我乔迁之喜。她还叮嘱我说你们夫妻俩喜欢吃水果、喝红酒、品茶,这台冰吧最适合你们。

听她说了这么多,我很是感动。怪不得那天走到卡萨帝柜台的时候,她那么一本正经地听销售员讲产品,还问这问那的。当时我还取笑她,是我买电器又不是你买,这么认真。她也只是嘿嘿一笑,没说话。

对我来说,这台冰吧已不仅仅是一台家用电器,更是我和闺蜜友情的见证。因为,朋友就是这样无微不至地关心你,希望给你最好的。

感谢卡萨帝冰吧!

(晒单故事作者:陈先生、陈女士)

扫二维码,
看晒单故事原文

国际高端品牌

- 用户：王女士
- 地点：吉林白山
- 产品：套购两台冰箱、两台洗衣机、热水器共五万多元
- 晒单时间：2017/07

因为你的美丽，我选择了你

身为"颜值控"的我俩，看着这设计精美、雅致的"高颜值"冰箱，真的是瞬间被征服了。

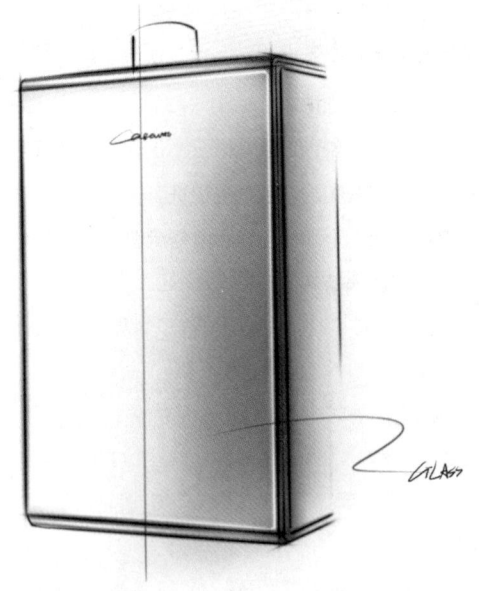

手绘作者：设计师-刘莉

我与卡萨帝的最初结缘，是因为三年前姐姐搬家，让我去和她挑选整套的家电。

三年前，许多高端智能家电还没有进入我们这个东北边境小城的市场，所以选择空间很小。我和姐姐去当时仅有的两个家电卖场了解各个品牌的产品，一番挑选下来，只觉得市场复杂，两眼昏花，逛到最后也不知道该买什么品牌。

卡萨帝是我们无意间发现的。当时我和姐姐已经审美疲劳，漫无目地走在卖场里，倏然被不远处一台设计精致的冰箱吸引了，顿时我俩就像见到了救星一样，赶紧跑了过去。走近一看，果然大气精致，美观时尚，给人一种惊喜的感觉。

经过购物人员的介绍，我们了解到，这台冰箱是海尔旗下的国际高端品牌卡萨帝，功能

国际高端品牌

强大,也是我们见过的家电里面功能最全面的。因为之前使用过海尔的家电产品,一直对海尔品牌十分认可,自然而然地,对卡萨帝的好感也是瞬间提升。

另外,身为"颜值控"的我俩,看着这设计精美、雅致的高颜值冰箱,真的是瞬间被征服了。姐姐当即购买了卡萨帝的全套家电,也不能说是全部,因为当时我们这儿只有冰箱、洗衣机和热水器。

从那以后,我便每天在姐姐对卡萨帝的夸奖中度过。

时间一晃,到了第二年,这次轮到我搬家了。在选择家电时,我对其他品牌的产品几乎没有过多考虑,直接把与姐姐相同的三款卡萨帝产品搬回了我家。包括今年的家电更换,也是直接选择卡萨帝!虽然是无意中的选择,但对卡萨帝的情结令我没有顾虑太多,我相信卡萨帝。

高端品牌卡萨帝的售后维护,一个电话,如约而至,热情的服务没有哪个品牌的售后能比,感觉真是越来越满意。

现在姐姐家、亲属家、自己家,基本上都是卡萨帝的产品。没想到当初因为你的美丽选择了你,现在又因为你的美丽,让我们的生活变得更加美好,谢谢你,卡萨帝!

(晒单故事作者:王女士)

扫二维码,
看晒单故事原文

国际高端品牌

- 用户：郭先生
- 地点：江苏常州
- 产品：622升朗度双开门冰箱
- 晒单时间：2017/08

"我的眼光会差吗？"

我更敬佩老爸的孝心，为我做了良好的表率。他和卡萨帝一样：站得稳，立得正！

温瑞安在塑造"四大名捕"的角色时，依据四人不同的性格，分别取名为无情、铁手、追命、冷血，仅闻其名就让人心里发寒。可万万没想到，我的老爸竟然集他们四人的高超武艺于一身，更是令人"闻风丧胆"。

何为无情？他曾经硬生生地将我从外婆老家拖回城里幼儿园，逼着我离开绿水青山，告别快乐童年。何为铁手？为"剥夺"我的人身自由，他铁腕手段层出不穷。何为追命？不管我跑到哪，都会被他立马追到，哪管我忙里偷闲、偶开小差。何为冷血？除了看到我考了高分他会偶露笑容外，一律面无表情地待我。但这些特点加起来，也远远比不上他的小气来得要命。

为什么这么说，且听我细细道来。我家有一台又旧又小的老式冰箱，容量和功能无法满足家里的需求也就罢了，总是结霜这一点令我十分反感，每每看到老爸老妈辛苦地给家里冰箱除霜，我都觉得十分心疼。

第一次搬家时，我以为老爸会换掉这台旧冰箱。可家已经搬了三次了，这台冰箱还是在我家"屹立不倒"，地位无可撼动。虽然我几次三番地向老爸表达过抗议，但他却总不以为然，说能用就用，不能浪费。自此之后，我认定了和他之间有着不可逾越的代沟，不再抗争。直到一年前发生的一件事情，彻底改变了我的想法。

2016年的一天，家里忽然冒出一个高大威武的"金色将军"。我定睛一看，哇！这不是我之前一直梦寐以求的卡萨帝大冰箱么！我赶紧走近又仔细端详了一下，不愧是大牌卡萨帝，方正、美观、大气。我激动地打开双开门，保鲜冷冻左右分离，一排排食品存放在不同的功能区，整齐有序地展现在我面前，简直

国际高端品牌

太棒了!

这时老爸走过来,兴奋地对我说:"怎么样,棒吧?"我一脸狐疑地看向老爸,下意识地摸了摸老爸的额头,问道:"老爸你没发热吧?你不是一直很节约,不肯换冰箱吗?"

"去你的,臭小子!"老爸弹了我一指头,说道:"卡萨帝冰箱喜欢吗?"

我忙不迭地使劲点了点头,表面上似是在跟老爸聊天,脑海里却早已浮现出卡萨帝冰箱里放满水果和冷饮的景象。

对于老爸突然的"大方",我也是在后来才知道了真相。

原来外婆年长多病,妈妈想让外婆搬来和我们一起住。为了给外婆提供新鲜可口的食品,老爸和妈妈商量后,决定给家里添置一台新冰箱。经过多方综合比较,老爸毅然选择了市场评分最高的卡萨帝冰箱。此后,到我家来的亲朋好友,纷纷夸赞我们家的冰箱。每到此时,老爸总显得很得意,说:"我的眼光会差吗?"

如今外婆住我们家几个月了,身体恢复得愈来愈好,我学习的劲头也越来越足了。长这么大,我这还是第一次佩服老爸的眼光,不过我更敬佩老爸的孝心,为我做了良好的表率。他和卡萨帝一样:站得稳,立得正!

现在我也终于明白过来:原来我一直追求的,是自己的快乐,眼前的快乐。而老爸追求的,才是大家的快乐,长久的快乐。

而卡萨帝,就是这些快乐的本源!

(晒单故事为郭先生儿子所作)

扫二维码,
看晒单故事原文

国际高端品牌

| 用户：陈先生
| 地点：山东枣庄
| 产品：欧式云裳滚筒洗衣机
| 晒单时间：2015/05

"暴脾气"
老丈人大转变

谁知道过了没几天，老爷子的态度简直是180度大转变。他打电话来说，这洗衣机买得真值。

媳妇和岳母都是很爱干净的人，自然离不开一台得力的洗衣机。

2017年，岳母家的杂牌国产洗衣机在用了几个年头后终于罢工了。没了洗衣机，对于每天都要用洗衣机的岳母来说自然是不愿意的，于是就张罗着要换洗衣机。

我岳母购物还算新潮，买东西都是只认最贵和最新款的。我们也没有明确的品牌意向，就单纯是逛着看看，无意间看到卡萨帝。

卡萨帝洗衣机做工精细，一看就品质不凡。询问工作人员，我们才知道这是国际高端品牌，这下就更放心了。销售员现场给我们演示了"硬币实验"——洗衣机上立着放一枚硬币，洗衣机运作起来硬币仍然可以立着不倒。

太神奇了！听完销售员介绍的卡萨帝新技术，我们也没有过多犹豫就直接交钱开单子了。第二天，卡萨帝的送货人员准时把洗衣机给我们送到家里，安装师傅也认真负责地给安装好了。

这时我那"暴脾气"的老丈人回来了。老人节俭惯了，一听说这洗衣机的价格，心里不大好受，非说一个洗衣机没必要买这么贵的。

他说现在洗衣机都是成熟产业了，大牌子小牌子技术差不多，真不应该多花钱买个这么贵的。我们当下也没有和他争辩什么，就只是说，您看看效果再说，以后要真觉得这钱花不值，等着就把这台洗衣机拉到我们的新家用，再给您买个便宜的。

老爷子满脸不愿意地说，我还是留着自个儿用吧，要真拉你们家去了，那才叫"肉包子打狗"呢，一个也别想回来了。

谁知道过了没几天，老爷子的态度简直是

国际高端品牌

180度大转变。

他打电话来说，这洗衣机买得真值。以前那台洗衣机一脱水就和开拖拉机似的，楼下的邻居中午可没少来找。现在不止安静，关键洗得还干净，衣服也不像以前那个洗衣机成天在里面缠来缠去，晾衣服的时候还得费半天劲去整理好才能晾上。

又过了几天，我们再去岳父岳母家看这洗衣机，我自己都佩服自己眼光好。邻居阿姨来做客，也一直问这是什么牌子，这么好，这么安静。我跟她说这叫卡萨帝。

那时候我们小两口也正准备买新房子，看到卡萨帝刚推出新款带烘干功能的洗衣机，很心动。我跟媳妇一致认为，家电首选卡萨帝！

（晒单故事作者：陈先生）

扫二维码，
看晒单故事原文

国际高端品牌

- 用户：李女士
- 地点：山东青岛
- 产品：传奇燃气热水器、346升朗度意式冰箱、欧式云裳滚筒洗衣机
- 晒单时间：2016/08

卡萨帝，你想和我一起拥有吗？

如果是同样的功能，我愿意为卡萨帝的外观多付 1000 元到 3000 元。

美满的爱情故事大多雷同。而在我和我老公的故事里，却有着卡萨帝的一份功劳。

2015年10月，我们相识。他是应聘者，我负责接待。初见他，干净、阳光、热情，还略带羞涩。我们俩都是从一毕业就加入了海尔工作，这小小的巧合，也让我们有了话题。

从见面打招呼，到偶尔聊天，再到心照不宣，等待彼此下班同行……工作中、生活中我们的接触越来越多，越来越有默契。这份情感在我心中悄悄萌芽，但我们却始终停留在"恋人未满"的状态，没能越过朋友的界限。

我以为我们的故事就此结束，在友谊的界限内，彼此安稳，岁月静好。直到一个雨天，我们聊起了有关家电的话题，我半开玩笑地说："身为海尔人，将来有了家一定要选海尔品牌的家电。"

许久，对方都没有回复。我以为自己越过了友情的界限，想开口说点什么，却又悻悻作罢，空留一声叹息。

随后的几天，我们两人虽然照常聊天，照常玩笑，但我心中仍不免失落。突然有一天，我收到一份匿名邮件，里面是卡萨帝各种产品的型号和链接，并附言："你，想和我一起拥有吗？"

多天来的委屈和不安悉数化解。之后的故事，就像大多数的爱情故事一样。我俩恋爱结婚，现在已经有了一个可爱的宝宝。

2016年7月，我们住进了自己的小家，也终于实现了当初共同拥有卡萨帝的约定。我们一次性选购了卡萨帝冰箱、洗衣机和燃气热水器，还给我住在平度的公婆家也置办了一台卡萨帝燃气热水器。

选择卡萨帝，不仅是我们当初的心愿，同时也是我老公对生活品质的追求。

对他来说，在外打拼，好的衣着形象无疑

国际高端品牌

能让人事半功倍,因此衣服贵精不贵多。出于职业的需求和个人的喜好,他有不少价格较高的衣服,洗护起来需要特别注意。

以前租房子住的时候,衣服就曾经洗坏过。现在有了卡萨帝洗衣机,不同的洗衣程序对应不同的衣服材质,很智能,洗出来的衣服不变形、不变色。卡萨帝的产品虽然贵,但比起跑洗衣店,长久来说还是更划算。

更重要的是,卡萨帝的大气外形符合他的审美,这也是他当年格外青睐卡萨帝的初衷。他常说:"如果是同样的功能,我愿意为卡萨帝的外观多付1000元到3000元。"

不只是洗衣服,卡萨帝给我们婚后波澜不惊的生活增添了许多"滋味"。

每到周末,我们常会买上几瓶红酒,放在冰箱的小酒架上,平日里小酌几杯,很是惬意。

皮薄肉嫩美味多汁的大泽山葡萄,更是我们夫妻俩的心头大爱。我老公是平度人,常会收到亲戚朋友自家种的葡萄,但这种葡萄格外"娇贵",保存起来是个问题。自从有了卡萨帝冰箱,难题迎刃而解。老公甚至还自己摸索出了一套小妙招——用厚纸盒或者比较吸水的容器来装葡萄,让它及时吸收水蒸气,减少水珠产生。这样存放,即使是"娇贵"的大泽山葡萄,放一个多月都没有问题,再拿出来时连梗都还是绿的。

(晒单故事作者:李女士)

扫二维码,
看晒单故事原文

扫二维码,
看晒单故事原文

国际高端品牌

用户：王女士
地点：湖北鄂州
产品：双子云裳滚筒洗衣机
晒单时间：2017/10

三年的重遇

现在不仅不用全家再共用一个洗衣机，而且这款洗衣机洗得更干净，各种功能也更齐全，使用更方便。

2014年，我和老公结婚。在布置新房时，老公一直说海尔的产品质量好，所以我们直接奔向海尔展台，买了海尔冰箱，又看了海尔的洗衣机。

其实，当时我们就被卡萨帝的洗衣机吸引了，看中了一款带烘干功能的洗衣机。可是由于刚刚买房，再加上新房装修、结婚请客，手里没有多余的资金让我们购买这款心仪的卡萨帝洗衣机。卡萨帝是走国际高端路线的产品，所以相对其他商品来说，价格比较贵也可以理解。徘徊了很久，也考虑了很久，最后我们不得不向不怎么厚实的口袋妥协了。最终还是选择了一款比较便宜的洗衣机。

三年过去了，很庆幸，今年怀了小宝宝，我们一家天天都沉浸在迎接小生命到来的幸福感中。随着预产期越来越近，宝宝的所有东西都准备得差不多了，最后考虑到宝宝的健康和卫生问题，家里的洗衣机成了最大的问题。

因为我家算是个大家庭，平时我们夫妻俩，加上公公婆婆，还有老公的奶奶，一家五口人共同生活。我们都是共用之前结婚时购买的洗衣机，家里五口人所有需要清洗的衣物都是放在这一个洗衣机里洗。

我老公还有四个姐姐，虽然她们平时不是跟我们住在一起，不过因为大家住得比较近，所以经常在我们家相聚，一个月全家至少聚齐两次，并且都会在我们家住上一两天。来的时候也是四个姐姐和她们的一家三口全都一起来。像这样全家到齐，就一共有十七口人。这整整十七口人的衣服也都是在这一个洗衣机里

国际高端品牌

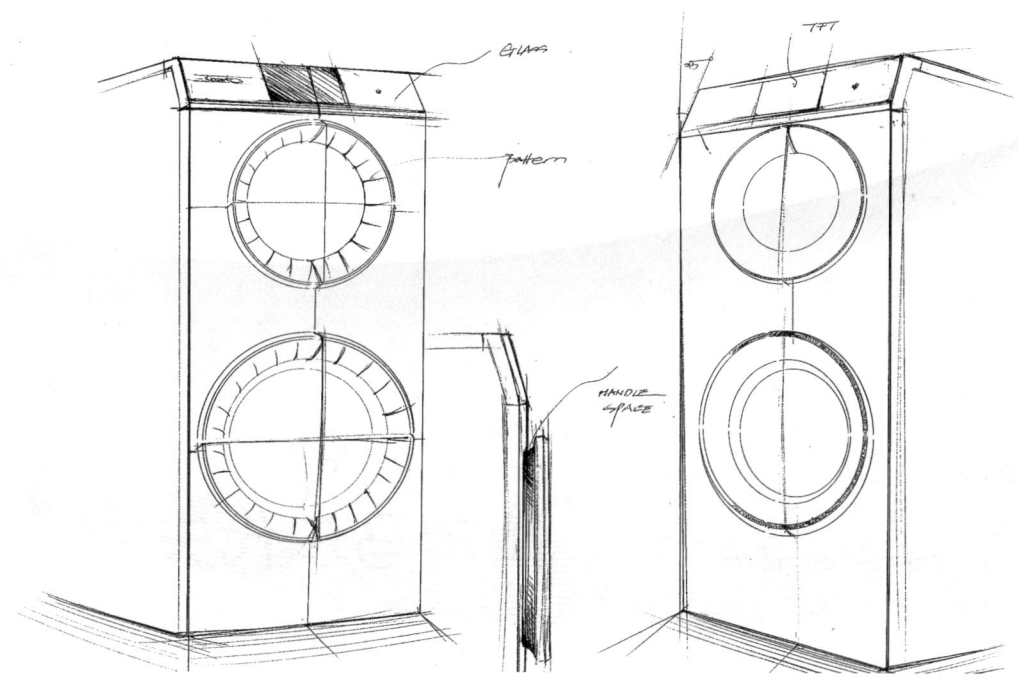

手绘作者：设计师-孔志

清洗。

之前买的那台便宜洗衣机，出过几次问题，修理过几次，但也算是洗得很多，也很杂。我想着小宝宝这么小，抵抗力不如成年人，肯定不能再跟我们一起共用洗衣机，就跟老公开始在网上看洗衣机。

先是打算给宝宝买个小洗衣机，专洗宝宝衣服，后面发现卡萨帝有双子洗衣机，觉得非常适合我家。之前的洗衣机仍然可以给公婆和奶奶使用，而我和老公还有宝宝就用新洗衣机，宝宝用上面的小筒，我们用下面的大筒。跟老公商量后，我们直奔卡萨帝专柜，现场看到这款洗衣机就立马定下来了。

宝宝七月底出生了，到现在也用了几个月，确实很不错。在没有买这款洗衣机之前，全家五口人共用一个洗衣机，而且所有东西都是在这一个洗衣机里清洗，可以说，根本就不卫生。现在不仅不需要全家再共用一个洗衣机，而且这款洗衣机洗得更干净，各种功能也更齐全，使用更方便。

感谢卡萨帝，此款商品太实用了，特别是我们这种大家庭。以后还是继续选择卡萨帝品牌。希望卡萨帝还能多出更多更好的产品，而我们也会一如既往地支持。

（晒单故事作者：王女士）

扫二维码，
看晒单故事原文

国际高端品牌

| 用户：李先生
| 地点：山东济南
| 产品：622升朗度双开门冰箱
| 晒单时间：2018/03

与卡萨帝
情定马尔代夫

选择高端的品牌，虽然意味着要多花些钱，但这些都是生活品质的保障，我认为这是值得的。

第一次了解到卡萨帝这个品牌，还是在马尔代夫旅游时。当时下榻的酒店里使用的冰箱就是卡萨帝，外观大气，功能强大。仅是旅游时短暂的接触，我就喜欢上了这个冰箱。不过当时我并不认识这个品牌，只看到它的标识是一串英文字母。兴趣驱使之下我在网上搜索了这个品牌，才知道它是国际高端品牌卡萨帝，这也给我这趟旅程带来了意外的惊喜。

度假的时光虽然短暂，但给自己留下很多美好回忆。美景、美食，自然不必多说，卡萨帝这个品牌也给我留下了深刻印象。正好我想换一套面积大一些的住房，便决定新家中一定要买台卡萨帝冰箱！

因为买第一套房子时，我刚参加工作，家里经济条件有限，家用电器也只能买小的。后来我跳槽换了家公司，接着又有了宝宝。一家五口人一起住有些拥挤，冰箱空间也太小，永远被我妈塞得满满的，总是不够用。冬天还好说，可以放到窗外，夏天就很麻烦。而且这期间冰箱还坏了两次，那时候我就暗暗发誓，要换套大的房子，买个大的冰箱。

经过自己不懈努力，经济状况不断改善，

国际高端品牌

如今,终于如愿以偿换了大房子。现在房子装修好了,卡萨帝622升的大冰箱到家,只待选个吉日搬家!开心!

老话说得好,一分价钱一分货。我刚开始选择卡萨帝冰箱的时候家人都嫌贵,但我不这么想。冰箱是最常用的家用电器之一,一天24小时都在通电工作,所以质量、外观、功能这几样要素缺一不可。而要满足以上全部条件,只有选择高端的品牌,虽然意味着要多花些钱,但这些都是生活品质的保障,我认为这是值得的。

买到称心如意的家电——卡萨帝冰箱,用着方便,摆在家里美观,何乐而不为呢?品牌代言人这个版块很好,能把自己最喜欢的电器分享给大家,还能赚到积分,兑换礼品。希望卡萨帝能做出更多独一无二、个性化的产品!

(晒单故事作者:李先生)

扫二维码,
看晒单故事原文

国际高端品牌

用户：李先生
地点：重庆
产品：559升天成多门冰箱
晒单时间：2018/03

第三台冰箱

对于我来说，卡萨帝冰箱十分智能，让我们全家的生活品质得到了从未有过的提高。

家对于中国人来说是非常重要的概念。今年搬新家，我们一家老小也都亲自上阵。在忙忙碌碌装修好几个月后，为新家选购新冰箱却让我们犯了难。因为我们已经前前后后去不同的商场里，在不同的品牌之间比较了好多次，一直都没有找到合适的，品牌太多，让人眼花缭乱。

比较了众多品牌后，突然想到，之前老房子里的冰箱是海尔的，已经用了十几年了。因为想着马上就要搬新家了，到时候再买新家电，所以这台冰箱也就一直没舍得换掉，好在它也没出过什么问题，质量过硬。

于是我们便把搜索的范围锁定在了海尔的家电。当我们遇见卡萨帝，得知卡萨帝是国际高端品牌，仅凭这一点就吸引了我们一家人。

对于我们家里人来说，电器是决定生活品质的关键要素，绝对不能马虎。在了解了卡萨帝冰箱的强大功能后，我们认为可以放心地选

国际高端品牌

择它。

最终在2月份，也就是过农历新年之前，我们选择了购买卡萨帝冰箱。送货来的那天我们一家人非常开心，也很激动。

这台卡萨帝冰箱也是我从出生到现在，家里买的第三台冰箱。之前那一台海尔冰箱用了十几年，现在升级成卡萨帝，我觉得这不仅是一种缘分，更是对卡萨帝国际高端品质的信任。

过年入住新家，亲朋好友们都来祝贺我们乔迁之喜，参观新居也成了亲戚们的"必修课"。亲朋好友见到这台卡萨帝冰箱，纷纷高度赞扬，很有兴趣地询问冰箱的功能、价格等等。大家都觉得这台冰箱高端大气，不论是设计、做工，还是功能，比以前的老冰箱高了好几个层次。我小姨特别喜欢我家的冰箱，她也想以后在自己的新家里拥有一台这样高品质的卡萨帝冰箱。

对于我来说，卡萨帝冰箱十分智能，让我们全家的生活品质得到了从未有过的提高。特别是我妈妈做起饭来更有动力了，每次进厨房都会看着冰箱说买得很好，很满意。

卡萨帝作为国际高端品牌，一定是有着非常强大的核心实力。我们对卡萨帝非常看好，希望它可以越来越优秀，让世界各地的人们都可以享受到卡萨帝带来的高品质生活。

我会持续关注卡萨帝！

（晒单故事作者：李先生）

扫二维码，
看晒单故事原文

国际高端品牌

- 用户：刘先生
- 地点：山东济宁
- 产品：欧式云裳滚筒洗衣机
  360升云珍意式冰箱
- 晒单时间：2018/03

洗衣的男人我骄傲

每次洗衣的时候，我一边喝茶，一边看着窗外的绿树成荫，竟然丝毫感受不到洗衣机的打扰。

把儿子的衣服放进卡萨帝洗衣机，冲一杯热茶，静静地坐在阳台上，看着衣服在洗衣机里上下翻滚，不禁让我想起了我刚踏上工作岗位的那段时光。

那时，我初到外地工作，只能住在单位的宿舍里。宿舍很小，没有放洗衣机的地方，所以我的衣服一直是手洗。夏天还好，一到冬天实在不堪其忧，水冷得刺骨，冻得手生疼。但不洗的话又没办法穿，我只能在冬天硬着头皮用手洗衣服。

结婚以后，我和妻子租了一套房子，也算是临时有了自己的小家。租的房子里有一台洗衣机，所以洗衣服的重任就落到了它的身上。但这台洗衣机真的是让人头大，每次洗完的衣服都要我自己再洗一次才算干净。脱水的时候更像跳舞一样，每次看到媳妇瘦弱的身躯趴在洗衣机上，样子既搞笑又让我心疼。所以，我

国际高端品牌

暗下决心,今后一定买一台最棒的洗衣机,决不让媳妇再为洗衣服费劲了。

功夫不负有心人。随着收入的提升,2017年底,我们买上了属于自己的大房子,装修也马上完成,采购家电被我们提上了日程。来到家电卖场,我们先去看了几个进口品牌,但没有十分满意的。然后我们又去了海尔专卖店,因为家里之前用过海尔电器,所以对于海尔品牌我们还是非常认可的。

选购洗衣机的过程中,我发现了一个新品牌,颜值挺高。经过销售人员的介绍,我们才知道它是国际高端品牌卡萨帝,用的是直驱电机,没噪音、稳定。看着眼前这款用料扎实、颜值高、超静音的洗衣机,我感到十分满意,觉得它的功能真是完美符合了我的需求。

自从有了卡萨帝,洗衣服的任务我一个人全部承包了下来。每次洗衣的时候,我一边喝茶,一边看着窗外的绿树成荫,竟然丝毫感受不到洗衣机的打扰,就连脱水时的声音,也算不上噪声,卡萨帝的静音真是好。贴心的泡沫冲洗,太人性化了,再也不怕机槽会沾上泡沫了。还有卡萨帝的高颜值,简直就是一件艺术品。曾为我洗衣而劳累的媳妇,也终于不用再为洗衣服这件事犯愁啦。

没想到一台洗衣机,真的能够让我的生活多一份惬意和轻松,少一份烦躁和忙乱。

感谢卡萨帝!

(晒单故事作者:刘先生)

扫二维码,
看晒单故事原文

- 用户：白女士
- 地点：浙江宁波
- 产品：欧式云裳滚筒洗衣机
- 晒单时间：2017/09

宁静的夏天

衣服再脏再多，卡萨帝都能帮你搞定，这就是我爱你的表达。

2017年的春天，我和老公跑完了长达十年的爱情马拉松，在亲朋好友的见证下步入了婚姻的殿堂，开启了幸福的生活。2017年的夏天，是属于我们的夏天，在这个夏天，我们有了属于自己的家。

新房子交付了，我们开心地为自己的爱巢欢呼着，老公精心地挑选每一件新房用品，家具的款式全都是我喜欢的。老公心疼我洗衣服辛苦，于是就悄悄地给我留了一个惊喜，他预订了卡萨帝滚筒洗衣机。

我得知后，当时是反对的，因为我觉得有点贵。我对老公说，我们还是把它退掉吧，宝宝快要出生了，花钱的地方太多了。

然而爱我的老公并没有把可爱的卡萨帝退掉。过了几天，我下班回到家，看到阳台上安装好的洗衣机，心里有点小生气，觉得它这么贵，不想用。

看到洗衣机很好看，我心里的怨气也有所减弱了。等到安装师傅离开后，老公就在一边悄悄地对我说："你别生气了。我就是想让你过上高品质生活，希望你以后每天都能开心地洗衣服，每天都有一个好心情。衣服再脏再多，卡萨帝都能帮你搞定，这就是我爱你的表达。老婆，只要你开心、幸福，老公负责努力赚钱养家。放心吧，好好用卡萨帝，你不会失望的。"

我心里知道他是疼我爱我的。于是我把家里的衣服拿过来，按照说明书中的步骤，第

国际高端品牌

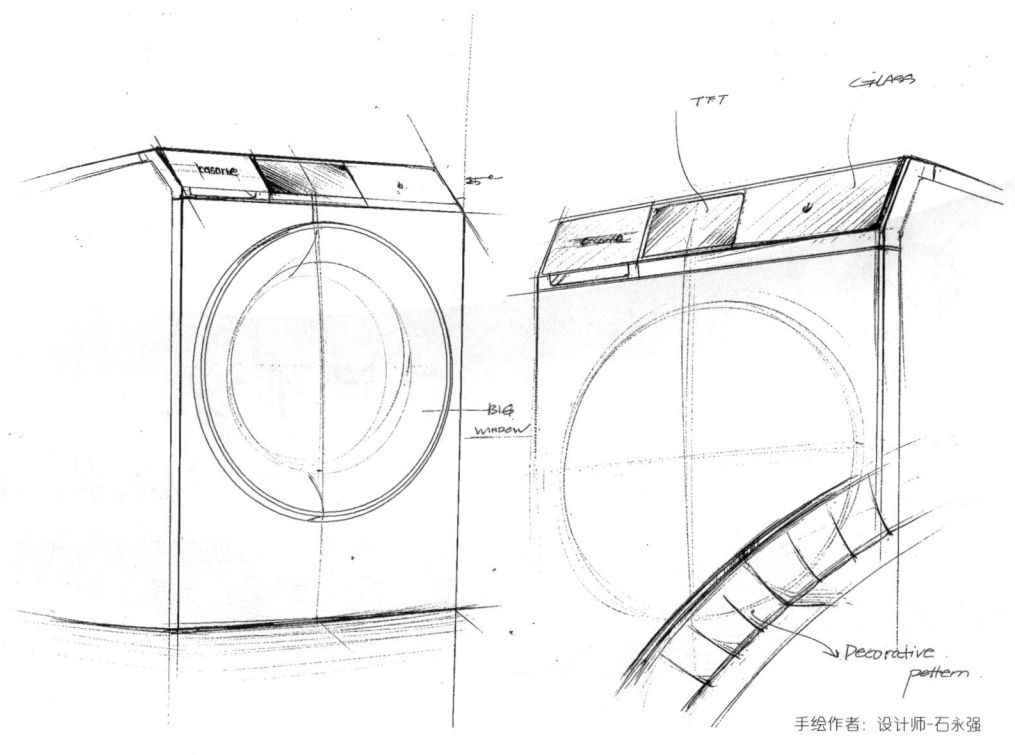

手绘作者：设计师-石永强

一步把洗衣液放进去，然后把适量的衣服放进去，按下了开关键……看到面板上的显示，微微地听到卡萨帝在工作的声音，望着卡萨帝在安静地工作，我心里觉得很舒服，没有噪音，没有晃动，没有溅水……

过了一个小时十二分钟之后，我听见卡萨帝在唱歌，屏幕显示洗衣结束了。我知道它在呼唤我，呼唤我去取出干净而带有香味儿的衣服，我开心地走到它的前面，轻轻地打开门，把衣服取出来，这么多衣服，竟然没有一件打结的，太神奇了，每一件衣服都洗得很干净。老公在一边帮我一件一件地晾衣服，我开心地一直夸着卡萨帝就是好，衣服洗得真干净！

就这样，这个夏天我们家的衣服都是卡萨帝在帮我们洗。我的小名叫宁静，因此我觉得这个夏天既是我的惊喜夏天，又是没有噪音的卡萨帝的夏天，我们的共同点就是宁静哦！

（晒单故事作者：白女士）

扫二维码，
看晒单故事原文

国际高端品牌

| 用户：孙立军
| 地点：新疆克拉玛依
| 产品：622升朗度双开门冰箱
| 晒单时间：2018/03

二话不说，
抬回一台冰箱先

现在的我终于体会到了不必过分地去关注一个产品的价格，而是更多地考虑它的价值的感觉。

　　打小，我们家就是海尔的"忠实粉儿"。家里的冰箱、电视、空调甚至手机都是"海尔兄弟"。工作以后，身边的朋友同事当然也包括我自己，陆续地组建自己的小家，一砖一瓦、一件一件地添置家里的物件儿，开始正儿八经地过起柴米油盐的日子。在一次家电采购中，我认识了卡萨帝。

　　那是我第一次见到卡萨帝的冰箱，一下就被它酷炫的外观吸引了！经过导购的深入讲解，我更被卡萨帝的高科技以及实用性深深折服，有一种相见恨晚的感觉！可惜，当我看到它价格的时候，多少有点望而却步。对于我们这些刚踏入社会不久，又不愿意啃老的80后来说，卡萨帝价格的确是有点高。最后，我只能三步一回头地离它而去。

　　从那之后，在我心里就埋下了一颗卡萨帝的种子。我下定决心，总有一天我一定要拥有它，这就是我需要的！

　　时隔数年，通过在职场摸爬滚打，不断奋斗，我终于有了一定经济基础，也购置了自己的新家。新房装修结束后，我便迫不及待地开始布置家电。现在的我终于体会到了不必过分地去关注一个产品的价格，而是更多地考虑它的价值的感觉。于是，卡萨帝自然成了我的不二之选。

　　选了个晴天，我拉上几个朋友，一起来到了卖场里的卡萨帝专柜。好东西自然要分享，二话不说，赶紧下单每人抬回一台冰箱先！

　　自从认识了卡萨帝，我才明白了什么叫专业。从导购大姐到送货师傅，表现出来的，都

国际高端品牌

是大品牌高质量的服务和专业性。冰箱更是令人爱不释手——包装细致,设计人性化,兼具美观与实用性于一体,就是"高大上"。新增的无线网络功能可以随时监控冰箱的状态,超导背板、杀菌功能更是狂拽酷炫。真是令人哪哪都满意,哪哪看着都倍觉欣喜。

当然,拥有卡萨帝冰箱,还只是我品质生活的开始。以后,我会陆续购入卡萨帝的洗衣机、空调、甚至咖啡机。说到这,不得不提一提我之前去实体店体验的卡萨帝洗衣机空气洗技术,真是太强大了!干洗店能洗的卡萨帝可以洗,干洗店不敢洗的,卡萨帝也照样可以洗!舍我其谁呢?以后,我一定要搬一台卡萨帝洗衣机到我家!

如今,卡萨帝这位"贵族"带给我们无限的便利。卡萨帝,用科技改变生活,用品质赢得消费者的信赖,用真诚做产品,用真心做服务,必然会赢得广大消费者的高度认可。

(晒单故事作者:孙立军)

(头像为用户家人)

扫二维码,
看晒单故事原文

国际高端品牌

| 用户：刘先生
| 地点：辽宁锦州
| 产品：621升朗度T型冰箱
| 晒单时间：2017/11

女儿的嫁妆

女婿对女儿自豪地说：娶了你，我的生活水准算是上来了！

2015年10月，本着想给家里换一台冰箱的目的，我来到了家电广场闲逛。说是逛，其实心里早已有了购买意向。因为之前一直使用海尔的家电，使用体验很好，所以冰箱，我还是想买海尔的。谁知，刚一走进海尔专柜，我竟被一台设计十分大气的香槟金色冰箱吸引住了。

我驻足不前，凝神观看。这种香槟色、弧面设计、拉丝面板的冰箱，由内而外，透着一种高贵、温和、极致优雅的风范，内敛而不张扬，带给我一种从未有过的视觉冲击。打开冰箱门，柔和的灯光、分区的设置、人性化的布局，更是给人一种艺术般的享受。

正当我沉醉其中之时，卖场的销售人员来到我身边，开始介绍这款产品。我了解到它原来是国际高端家电品牌卡萨帝，致力于为都市精英人群打造优雅精致的格调生活。这下，更增添了我对它的好感。

当天晚上回到家，我便跟妻子讲述了自己遇到卡萨帝的感受。妻子听后，又好奇又高兴，决定第二天与我一同前往考察。次日，当妻子亲眼看到这款卡萨帝冰箱时，也是瞬间被征服，立马拍板，当即购买。

说实话，我们家的财政大权掌握在媳妇手中，我只有建议权。当然，这次购买冰箱的经历，令我赢得了妻子的赞许，直夸我有眼力。

安装使用后，我才真真切切地感受到卡萨帝带给我的精致生活。

我不经常买菜，通常是半个月才去一次超市，把买回来的东西一股脑儿地全都堆放在冰箱里。家里以前的冰箱保鲜效果不是很好，通常一

国际高端品牌

周左右水果蔬菜就已经开始腐烂，所以每周我都会清理一次冰箱，把坏的扔掉，浪费严重，自己也很心疼。

自从用了卡萨帝冰箱之后，蔬菜、水果的保鲜期竟然达到了两周以上，完全满足了我家的日常生活需要，食材每次使用都鲜嫩如初，更不会串味。使用先进的涡流动态杀菌技术，根本不用担心食物腐烂，吃坏身体。

就这样，不用清理冰箱省下来的时间，被我充分利用了起来。早晚快走、慢跑，两个月下来，我的体重降了5千克，身体苗条了，之前的一些身体的小毛病竟也渐渐消失了！每天工作精力更加充沛，同事们见了我，都夸我越来越年轻，我心里美滋滋的。

2017年，女儿结婚。我又给她购买了卡萨帝360升冰箱和卡萨帝8千克洗衣机作为女儿的陪嫁。她的婆婆见到这么好的电器，喜出望外，赞不绝口，夸我女儿大气、豪爽，生活有品位。女婿对女儿自豪地说：娶了你，我的生活水准算是上来了！小两口之间更加体贴，更加和谐，生活在甜蜜的幸福中……

（晒单故事作者：刘先生）

扫二维码，
看晒单故事原文

国际高端品牌

| 用户：凌枫
| 地点：江苏常州
| 产品：621升朗度T型冰箱
| 晒单时间：2018/05

卡萨帝让我自豪

使用卡萨帝，让我感觉到了卡萨帝的设计师是多么用心地去做好一件产品。

三月的一天，我去朋友家做客，他们家是欧式风格装修，家里的配套设施也都是进口的。我悠然地参观着他们家，问东问西了解各种家电的细节。当我一脚踏进他们家的厨房时，突然就被他们家的冰箱吸引了。它美丽而动感的外观是那么绚丽多彩，仿佛就是厨房里的一道彩虹。

当打开冰箱门的一刹那，我知道这就是我想要的冰箱。我马上问朋友这是什么品牌的冰箱啊。在一旁的朋友告诉我说，这是国际高端品牌卡萨帝。我好奇地问他："你不是要买个德国品牌的吗？"朋友却说，他本来是要买德国品牌，可另一个朋友给他介绍了卡萨帝冰箱，亲眼看过卡萨帝冰箱后，觉得就是它了！

就这样，卡萨帝冰箱也在我心里留下了深刻印象。后来，当我去购买冰箱的时候，特意把老婆和儿子也带去看了，他们一眼就喜欢上了这款621升的卡萨帝冰箱，特别是我儿子特喜欢冰箱的各个功能，所以我立马就拍定了这款冰箱。

购买了冰箱之后，由于工作下班时间比较晚，送货的师傅晚上八九点钟居然还给我送货。门进不来还把包装拆了小心翼翼地运到了家里，耐心地帮我调试安装，仔细讲解各个功能，就这一点就能让我感受到卡萨帝和别的品牌的区别。

在使用了卡萨帝一段时间后，我感觉卡萨帝冰箱的确值得购买。使用卡萨帝，让我感受到了卡萨帝的设计师是多么用心地去做好一件产品，就好像是在做一件艺术品一样，确保让产品最好的一面展示给大家。非常感谢你们对消费者的辛劳付出。

如今，有朋友来我家做客时，我也会跟他们推荐卡萨帝，真的好有自豪感。真心感谢我的朋友，让我买到了一款属于我们家的大冰箱。

（晒单故事作者：凌枫）

扫二维码，
看晒单故事原文

国际高端品牌

| 用户：婧
| 地点：四川成都
| 产品：超静音燃气热水器、欧式云裳滚筒洗干一体机
| 晒单时间：2018 / 03

重新认识卡萨帝

没用不要紧，这一用我真是被卡萨帝深深地征服了，功能实在是太强大啦！

今年2月份，我与老公在成都的爱巢终于完工，剩下的就是采购家电啦！由于我在北京的工作脱不开身，所以采办大任就落在了老公的肩膀上。说是全权交给他，其实我的内心是非常不放心的。我总觉得男人在采购家电方面，肯定没有女人细心，特别是要买这些大件家电，生怕老公一不留神被忽悠了。

有一天，老公给我打电话，汇报说自己买了台卡萨帝的热水器。我一听急了，开始质问老公："不是都跟你说了要买另一个牌子吗？"

再一问价格，我更加气愤了，这么贵！看到我如此急躁的样子，同事还语重心长地劝慰我，但这样也没有把我的火气降下来。

我就开始说老公是不是被人忽悠了，肯定是被坑了。老公一听，嘲笑我傻，不识货。开始给我科普卡萨帝，告诉我卡萨帝是国际高端品牌，口碑非常好。

听到是国际高端品牌，我算是稍微放下了一点心。于是，我开始上网查询卡萨帝，发现网上对卡萨帝评价也是出奇的好。

虽说如此，我还是没有完全放心。因此，周末我特地跑到了商场，去亲自体验了一番这个传说中的品牌。第一次亲眼看到卡萨帝，我就对它的颜值产生了好感，不仅外观漂亮，做工还非常上档次！然后我又细细了解了一下它的性能，功能也非常强大，难怪老公被它迷得

国际高端品牌

神魂颠倒。总之,在卡萨帝店里见到实物后,我就感到更放心了,也为之前不明就里地对老公发火感到些许愧疚。

有了宝宝之后,我便从北京回到了成都定居。也终于亲身使用上了卡萨帝热水器。没用不要紧,这一用我真是被卡萨帝深深地征服了,功能实在是太强大啦!自此之后,卡萨帝品牌便在我心里得到了完全的认可。

感谢老公,让我重新认识了卡萨帝!

后来,家里又添置了卡萨帝洗衣机。它特有的空气洗功能真是太令我满意啦,给我生活带来了许多便利,出去吃饭再也不怕带着一身味道回家。还有它强大的烘干功能,让我在成都的雨季,也再不怕衣服晾不干有奇怪的味道。

多亏了老公当初的坚持,让我们现在的生活变得越来越精致,越来越有滋味!

(晒单故事作者:婧)

扫二维码,
看晒单故事原文

国际高端品牌

- 用户：王小姐
- 地点：山东青岛
- 产品：传奇燃气热水器
- 晒单时间：2018/03

优雅生活的起点

当我使用了卡萨帝燃气热水器之后，真切地体会到，原来家电不止可以具备应有的功能，还可以让你享受使用的过程。

新房装修，万象更新，万分喜悦。与卡萨帝热水器的故事说来也是缘分使然。因为从小自己家里、姥姥家里、很多朋友家里，甚至到后来自己租住的房子里面都是海尔电热水器。所以在新房购置热水器的时候，我们最初也是选择了海尔80升的电热水器。

随后海尔师傅上门设计安装位置，非常尴尬地发现，卫生间无法找到足够的位置安装80升电热水器，师傅建议说，退掉电热水器，换个燃气热水器吧。至此，我才真正开始研究燃气热水器。随着小区业主们装修工程的推进，大家都发现了卫生间空间不足的客观问题，纷纷转向燃气热水器市场，有很多朋友买了日本品牌的热水器。当时的我也有些心动和犹豫，面对茫茫燃气热水器市场，不知道究竟该作何选择。

有句话说：不忘初心，方得始终。对于家电和品牌的认知，让我坚信海尔这个大品牌。

选好品牌，我便开始跑市场。每天下班后和周末都流转于各区市的商场和海尔自营店。综合比较和分析，最终选择海尔的高端系列——卡萨帝。静音、零一氧化碳，让我觉得舒适和放心，虽然价格上确实贵了很多，但我愿意选择品质更好、安全系数更高的燃气热水器。

最初选择电热水器，是因为担心家人连续洗澡中间会有冷水，以为电热水器更便捷，也选择了80升超大容量。实际了解了卡萨帝的燃气热水器，才知道自己的担忧是多余的，而且现在不需要等待加热，即开即洗，非常方便，

国际高端品牌

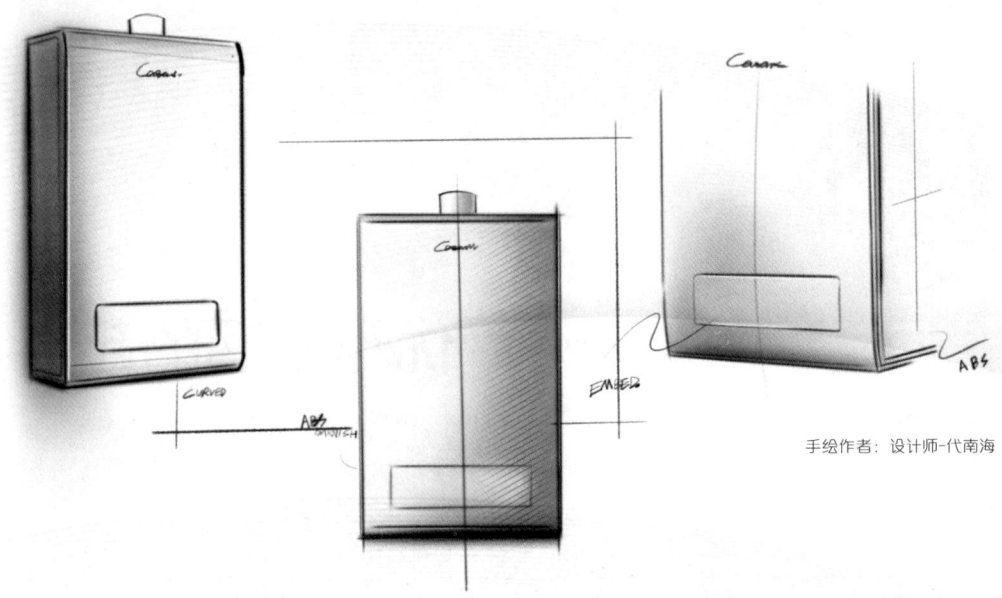

手绘作者：设计师-代南海

水温舒适，连续使用也不会有冷水。

我是90后的姑娘，身边的朋友大多数还都是硕士在读或者博士在读，对于房屋装修暂时都还没有什么打算。最近新房子装修妥当，我也陆陆续续地约了三五个好友来家中玩耍。在这个过程中，我会跟大家介绍家里的家电，同时也邀请他们亲自感受一下。好的品质，不用我多说，亲自体验就什么都明白了。我想，真正体验过便捷、舒适的家电，以后等他们有了自己的小窝时，也会选择心中满意的品牌吧。

古人讲，由俭入奢易，由奢入俭难。经济学上对此也有相应的解释，即"消费习惯不可逆"。以前的我还不太理解，现在的我理解得很清楚，之前的租房生活，过得很简单，热水器、冰箱、洗衣机等，平均单价可能都不超过1000元。当我使用了卡萨帝燃气热水器之后，真切地体会到，原来家电不止可以具备应有的功能，还可以让你享受使用的过程。

原来，生活不仅仅是活下去，更是享受它。在接下来的家电选择中，我依然选择卡萨帝家电。价格呢，确实比其他产品高很多，但是我仍然愿意花这个钱来体验它带给我生活上的享受。

（晒单故事作者：王小姐）

扫二维码，
看晒单故事原文

国际高端品牌

用户家中实景

五层别墅配了5台卡萨帝冰吧

　　五层超大别墅，影音室、洗衣间、阳光房……每层楼都按功能区别开；一台冰箱、五台冰吧、四台洗衣机，是家住重庆的杨先生为新别墅选择的卡萨帝产品。偌大的别墅，杨先生通过对家电的细致选择，把自己对妻子儿女的爱，表达得淋漓尽致。而让他选择卡萨帝产品的理由，是半年时间里卡萨帝用真诚服务赢得的用户信任。

　　五层别墅，住着杨先生和父母妻儿。他说，卡萨帝801升冰箱是冰箱行业最大容积的"超人"，妻子爱做饭，这台冰箱让烹饪不再是一个人的事情；5台冰吧是每层楼的标配，触手可及的新鲜；不让时间浪费在上楼下楼。4台洗衣机，把老人与小孩的衣物及窗帘床罩等分开洗护，更健康安全。

　　从普通的到店咨询到成单，北滨路居然之家海尔专卖店跟进了半年时间，最终成交了6万元的产品。节日的问候、朋友圈的点赞留言、配送及安装家电时的认真仔细——赢得用户信任靠的是一点一滴的累积。用直销员的话说："买了产品以后，其他任何事都不用用户操心。"

　　五层别墅是没有生命的墙院，用卡萨帝家电承载杨先生对家人的爱，让宽敞的家变得有温度，有活力。在引领高端精致生活的道路上，卡萨帝正以七星级的服务，赢得越来越多用户的选择。

摘自：690吧微信公众号

扫二维码，
看晒单故事原文

国际高端品牌

别墅里的卡萨帝"展厅"

国际高端品牌

用户家中实景

"这个展厅很漂亮啊！"初见重庆刘女士家的两台卡萨帝冰箱照片，会让人误以为这是卡萨帝展厅。一台728升朗度法式对开门冰箱和一台520升F＋冰箱与家里装修风格完美搭配。

2018年1月，别墅还在装修中的刘女士到商场看家电，通过介绍产品及朋友圈互动，最终购买了2台卡萨帝冰箱。

刘女士在后院种了很多瓜果蔬菜。"食材太多了吃不完，需要两台冰箱存储，一台放瓜果，一台放蔬菜。"看中了卡萨帝的精致外观和控氧保鲜功能，刘女士购买了两台。

"丝瓜放了半个月依然新鲜，黄瓜切片放两天完全没变化。"卡萨帝的保鲜效果得到刘女士认可。卡萨帝销售顾问覃科还在刘女士家做了食材保鲜实验，看到精致的果盘，刘女士发了朋友圈为卡萨帝代言，并带单一台520升F＋冰箱。

对产品质量和直销员的认可，让刘女士选择了卡萨帝冰箱。精致的外观和保鲜效果让刘女士在使用中更加认可卡萨帝。用户的代言也为卡萨帝赢得了更多追求精致生活的高端用户。

摘自：690吧微信公众号

扫二维码，
看晒单故事原文

国际高端品牌

儿子怕热，儿媳怕冷？
七台天玺来解决！

300平方米价值近千万的海景洋房，100万的红木家装，这样的豪宅，该配什么样的空调？青岛市西海岸新区用户江女士给出了回答：7台卡萨帝天玺！

江女士是卡萨帝空调的忠实"粉丝"，去年自己家装修时，就购买了8套云鼎。在了解天玺空调风可"拐弯"适合怕热的儿子和怕冷的儿媳后，她果断下单，7台天玺已入驻小夫妻的婚房。

西海岸新区瑞泰利群空调直销员朱爱莲说，江女士自己家装修时，选择的是卡萨帝云鼎空调。因为对生活品质要求很高，儿子婚房装修时，首选的也是卡萨帝产品，这15套空调总价近20万元。

在得知小夫妻俩一个怕热，一个畏寒，属于对空调温度非常敏感的人后，朱爱莲说："天玺空调有温冷感知多温区送风功能，可以同时满足两个人不同的吹风需求。"这一功能，也是江女士购买天玺的关键。最终，她为儿子购买了7台天玺空调。

"空调的颜值这么高，就连室外机都装得这么漂亮！"江女士的儿子看到7台空调装得这么漂亮，对售后服务连连称赞。卡萨帝推出精致安装服务，让室外机管道完美隐藏，与用户家外墙契合度满满。

天玺空调的风格与房子的中式装修完美契合，拉丝质感铝镁合金材质跟缅甸花梨红木家具搭配起来，有一种自然的和谐。这7套天玺空调，给江女士一家带来了倍感舒适的生活享受。

摘自：690吧微信公众号

扫二维码，
看晒单故事原文

新鲜的艺术

👤 用户画像：无锡·俞先生·别墅

📋 产品方案：2台520升F+自由嵌入式冰箱

🏠 品味生活：冰箱不仅能储存食材，更是家装的一部分。家中采用中西结合的装修风格，既有中式的红木家具和对称布局，也有美欧式的装饰元素。

👤 用户画像：济南·王女士·别墅

📋 产品方案：520升F+自由嵌入式冰箱、728升朗度法式冰箱、801升朗度双开门冰箱

🏠 品味生活：728冰箱存放菏泽的特色菜整只乳羊；801冰箱存放全家人的美食；520冰箱存放先生的茶叶、虫草、香烟。

👤 用户画像：重庆·谢先生·别墅

📋 产品方案：520升F+自由嵌入式冰箱、冰吧

🏠 品味生活：520冰箱嵌入到楼梯间，既节省空间又美观，并且保鲜能力强大。同时，谢先生喜欢喝酒，520冰箱红外制冰系统快捷、干净，便于拆卸清洗！

新鲜的艺术

- 用户画像：济南·郭女士·复式大平层
- 产品方案：卡萨帝728升冰箱、臻享三门冰吧、欧式云裳洗干一体机
- 品味生活：卡萨帝728冰箱足够大，可以存储大量食材，且分区合理，满足家人所有需求。

- 用户画像：重庆·孙先生·别墅
- 产品方案：2台728升朗度法式冰箱
- 品味生活：1台728冰箱存放全家人美食，1台728冰箱存放家乡菜"苏州三白"（银鱼、白虾、白鱼）。

- 用户画像：杭州·徐先生·别墅
- 产品方案：801升朗度双开门冰箱、双子云裳洗干一体机、博芬酒柜
- 品味生活：用户一家三代同堂，还有一儿一女两个宝宝，卡萨帝801冰箱和双子洗衣机是大家庭的好选择。

第二篇 原创高端科技

用户需求，是品牌创新、创造的关键。

12年间，卡萨帝坚持从用户痛点出发，坚持原创科技引领。可以说，原创科技始终是卡萨帝领先行业的核心内因。

坚持原创，需要巨大的投入和坚韧的耐心，更需要一个开放的平台。海尔一系列全球并购，为卡萨帝兼收并蓄了全球的优势。12年间，卡萨帝在全球布局5大研发中心，整合通用家电，汲取了美国的科技；并购三洋白电，吸收了日本的工艺；收购斐雪派克，融合了新西兰的品质。此外，还连接了巴斯夫、霍尼韦尔、3M等全球顶级的资源。

正是有了这样开放的平台实施全球引智，卡萨帝研发出的多项行业领先科技，无人能仿、无法替代，每款迭代产品更都以无法复制的原创科技屹立于潮头。

原创高端科技

👤 | 用户：Dovahkodaav
📍 | 地点：山西太原
📄 | 产品：欧式云裳滚筒洗干一体机
　　　　　631升朗度T型冰箱
🕐 | 晒单时间：2017/08

卡萨帝让我找到了在美国留学的感觉

第一次用手机遥控洗衣机连洗带烘干后，从机箱内取出热乎乎的衣服时，一种久违的惊喜和满足将我牢牢抱紧。

世界上有一种温暖的惊喜，来自拥有一台带烘干功能的卡萨帝欧式云裳滚筒洗干一体机。

我在美国上学的时候，最开心的就是美国大学宿舍里有洗衣机和烘干机。上了一天的课，去健身房挥洒汗水之后，拿着一筐臭衣服直奔洗衣房，在洗衣房里面洗完衣服一烘干立马穿上身。那种从烘干机里拿出来热乎乎的衣服的感觉，对于一个舍不得多买衣服的海外游子来说，就像是饥饿时从笼屉上取出热腾腾的包子一样让人开心。

后来从宿舍搬出来住在朋友家，家里没有烘干机，又一直没能找到一款合适的既能洗涤衣服又能烘干的多功能洗衣机。所以每回都是在家里洗完衣服，然后抱上一筐衣服去社区的自助洗衣店里面去烘干，那种拥抱热乎乎衣服的感觉让我感到十分满足。

回国以后，已经好久没有过这种感觉了。直到我为婚房准备家电，逛卖场的时候遇到了卡萨帝洗衣机，才又让我重拾起了那温暖的感觉。当第一次用手机遥控洗衣机连洗带烘干后，从机箱内取出热乎乎的衣服时，一种久违的惊喜和满足将我牢牢抱紧。

自从购买了卡萨帝，家里面都不用再装晾衣架了，每次洗完以后一烘干，暖暖的衣服就妥妥地包裹在身上了。夏天体会不是很深刻，但到了冬天，那种温暖的感觉真是让人惊喜万分。

卡萨帝的外观造型设计也是高端大气上档次，自动控制的洗涤剂和柔顺剂安放槽，以及触屏互动多种智能洗涤功能，让我这个回国后从来不自己洗衣服的"小白"很容易就能上手。老婆都夸我说自从买回来卡萨帝洗衣机以后，我能替她分担好多事情了呢。

再说说卡萨帝的物联网互动技术。洗衣机连接家里的无线网络，我在公司就能知道衣服具体清洗的状况如何，远程监控。好几次上班

原创高端科技

来不及,匆匆忙忙到了公司才发现昨天晚上放在洗衣机里面的臭衣服没有洗,还好我买的是卡萨帝自带物联网技术的现代化洗衣机。打开手机的远程遥控,设置洗涤方案,远程操纵洗衣服,并且全程跟踪洗衣状态,回到家衣服拿出来直接就能穿。

有了卡萨帝洗衣机给我的温暖体验,几天后我又购入了一台卡萨帝冰箱。我是一名"骨灰级"的吃货,冰箱对于我来说,可是重中之重!家里有一台好的冰箱,才能储存好的食材,有了好的食材才能做出美味的佳肴。家庭生活要是想要幸福,那饭必须香,这样大家才会总是惦记着这个家,到点就回到家里欢聚一堂。

而卡萨帝冰箱的到来,将我对家的梦想一一实现了。卡萨帝的冰箱也带有物联网功能,将电冰箱连接到家里的无线网络中,就可以用手机远程实时监控冰箱的运行状态。并且在卡萨帝的专用APP(智能手机软件)上,还有好多好吃的东西,可以通过网络商城直接送货到家,简直是太方便了。

而且,卡萨帝冰箱的干湿分储功能设计,简直堪称完美。每个功能区域都是独立的,东西放在冰箱里面不会串味,每次打开冰箱的时候,东西井井有条地放置在里面,心里真是好开心。

感谢卡萨帝,用你的温暖和智能,给我的生活带来了更多精彩!

(晒单故事作者:Dovahkodaav)

扫二维码,
看晒单故事原文

原创高端科技

- 用户：韩女士
- 地点：上海
- 产品：卡萨帝云鼎空调—豪华版（挂机）
- 晒单时间：2018/04

卡萨帝"稳住了"我的月子病

那种感觉很难形容。就觉得卡萨帝吹出来的风软软的，几乎没什么感觉，很舒服，也很安静。

自从使用了卡萨帝空调，之前一吹空调就刺痛的手腕，可算是消停了。所以说女人啊，还是得对自己好点，卡萨帝空调的风就俩字——舒服！

今年年初，我们一家人搬进了刚刚装修好的新家，又买了新车，生活可谓喜事连连。唯一美中不足的，就是我之前落下的"月子病"了。

上海的热水器大多是燃气型的，洗手的时候需要先放一段凉水，才开始出热水。因为坐月子的时候刚好是7月份，上海的天气实在太热，我平时洗手的时候经常没有耐心等到热水出来就直接洗了。接触多了冷水，就得了"月子病"，手腕变得一受凉就会感到刺痛。

坐月子那段时间，由于当时新房还没装修好，我们一家人只能暂居在出租房。因为实在酷热难当，连妇产科医生也建议，坐月子的时候可以适当开空调。然而房东留下的老旧空调，冷风吹得让人很不舒服，打开空调时，我都能看到冷风结成白色的雾气在房间里飘。这也让我手腕的毛病雪上加霜。现在宝宝已经两岁多了，我的手腕还没有好转，特别怕受凉。

没有集中供暖的上海，一年到头都离不开空调。冬天湿冷，夏天炎热，再加上我这个恼人的小毛病，空调成了我们家家电选购中的重中之重。

2017年10月，我们终于拥有了属于自己的家。从房子过户那天起，我每个周末都和老公逛各种展会，为着手布置新居做准备。在那里，我们遇见了卡萨帝，从冰箱、洗衣机、再到空调……对卡萨帝的东西是真的喜欢啊！

家里连卧室带客厅，一共需要四台挂机和

原创高端科技

一台立式空调,这是一笔不小的开销。后来和老公反复考量,最后为了我这个"月子病",还是决定在我们俩居住的主卧室安装了卡萨帝空调。

才5月份,上海的气温就已飙升到近30℃,我们家也早早就开启了冷风模式,对卡萨帝的考验刚刚到来。很显然,卡萨帝并没有令我失望。

以前,晚上睡觉总是很矛盾,胳膊放被子里热,拿出来就难受,很怕空调。现在就不会有这种尴尬了。虽然从购买至今才短短三个月,已经让饱受"月子病"困扰的我生活质量大大提升。

那种感觉很难形容。就觉得卡萨帝吹出来的风软软的,几乎没什么感觉,很舒服,也很安静。

最近有好多同事在上海交社保满五年了,陆续开始买自己的房子。很多同事来向我咨询装修和选择家电的经验,我都毫无保留地把卡萨帝推荐给他们!

(晒单故事作者:韩女士)

扫二维码,
看晒单故事原文

原创高端科技

👤 | 用户：王女士
📍 | 地点：山东淄博
🏷 | 产品：欧式云裳滚筒洗衣机
🕐 | 晒单时间：2017/12

听不见她在洗衣服

悦耳铃声响起后，我拿出衣服，好一个陶醉，家人都竖起了大拇指。

我是2017年10月份买的洗衣机，已经用了半年多了，亲朋好友们对我的选择都很羡慕。

对以前那台洗衣机，我早就有了更换的想法。它不光外观看着不顺眼，而且有两个电机，一个是洗衣，另一个是甩干，使用起来费水、费电、费时间。最让我烦心的是费感情——使用时的动静如雷公到来，震耳欲聋。卫生间的地面本来就不是很平整，洗衣机放在那，洗起衣服来左摇右摆，甩起衣服更是吓人，给人一种眩晕的感觉。外壳更已经不堪入目，买了没几年，下边缘已是锈迹斑斑，看上去特别老旧，有种跟时代脱节的感觉。尤其亲朋好友来家做客玩耍时，我的面子都让这洗衣机给洗没了，感到特别的无奈与失望。

2017年到来后，我就下定决心选一台中意的洗衣机来抹平我心中的不如意。我的想法也得到了家人的认同和支持。这段时间，我和我的家人都进入了备战状态，逛商场、遛超市，进专卖店……都在努力寻找心目中的最爱。

直到有一次，我应闺蜜的邀约，到她家中做客。我到她家的时候，她正在洗衣服。她给我倒上饮料，端上水果，我们两个就进入了愉

原创高端科技

快的谈话中。也不知道过了多长时间,我听到了一阵悦耳的铃声响起,突然间我的闺蜜对我说:"不好意思,我去去就回。"就这样,她笑着走开了。

大约过了五分钟的时间,她回来告诉我她刚才在洗衣服,现在已经洗完了。我简直不敢相信,她家洗衣机的位置与客厅距离很近,在交谈中我完全没有听到洗衣机工作的噪音。

我带着惊愕的表情让闺蜜带我过去看看她家的洗衣机。当第一眼看到它时,我就被它的大方靓丽的外表吸引住了,不能自拔。我第一时间就认准了它就是我的选择!这十个月里朝思暮想的心仪对象!

闺蜜告诉我它叫卡萨帝,是国际高端品牌,它的姊妹还有冰箱等家电。卡萨帝洗衣机省水省电,外观大方漂亮,内在大度,有能吞下10千克的"大肚量",而且经它洗出的衣服干净柔滑,工作时行动顺畅,无"大脾气"发出,安全可靠。

我心中有了它,就要拥有它。我匆匆告别闺蜜,马不停蹄地直奔卖场,在路上电话联系家人也来迎接它。在卖场里,我在卡萨帝专柜找到了它,家人也到场了。二话不说,我们直接开单刷卡预约送货安装,这才带着期盼回家等待。

第二天卡萨帝就进了家门,安装调试一气呵成。送走了安装师傅,我就马上把该洗的衣服交给了卡萨帝。悦耳铃声响起后,我拿出衣服,好一个陶醉,家人都竖起了大拇指。我心中立马升起一股骄傲……

在我不遗余力地介绍下,有几个亲朋好友有了购买卡萨帝洗衣机、冰箱的意向。

期望卡萨帝做大做强,做出国人的骄傲。

(晒单故事作者:王女士)

扫二维码,
看晒单故事原文

原创高端科技

| 用户：张女士
| 地点：河南郑州
| 产品：欧式云裳滚筒洗衣机
| 晒单时间：2018/03

洋气的婆婆

被子烘干了一小时后，拿出来就松松软软的可以盖了。这下卡萨帝彻底征服我婆婆了！

初识卡萨帝是在我和我老公领证当天，我俩欢欢喜喜地去逛我们这最大的商场。

我们的目的很明确，就是买家电。但逛了很久就是没有一个心里特别喜欢的。从洗衣机到冰箱，不是设计不满意，就是耗电量高，要么就是冰箱的空间分配不合理。

我们心想着，这还是我们这最高端的商场呢，在这都挑不到，我们还去哪买啊……

我们跟霜打的茄子一样，漫无目的地溜达。走到了海尔的柜台，结果被一台洗衣机吸引了，就是10千克加烘干功能的欧式云裳滚筒洗衣机。真的是我喜欢的那种，不管是线条，还是设计，再到颜色、耗电量，以及它的各种功能。

我们满心欢喜地问销售员，让她给我们讲解。这才知道，原来它是国际高端品牌卡萨帝！了解后，我们二话不说就交了定金，因为遇到一个自己真心喜欢的产品太不容易了！

买回家后，刚开始婆婆还说，洗衣机不都是两三千块钱嘛，哪有这么贵的呀。我老公就说，颜值高呗。这事我婆婆也没再多问。

后来有一次，婆婆要洗羽绒被，结果放到她家的洗衣机里，洗衣机居然不转动，因为太沉了。于是她拿去洗衣店里问要多少钱，洗衣店的人看过被子后说要240元，我就直接说放我们的洗衣机里试试吧。然后婆婆半信半疑地把被子拿到我们家，放洗衣机里不仅可以转动，而且洗出来还特别干净。

因为是冬天的原因，我直接加了烘干。被子烘干了一小时后，拿出来就松松软软的可以

原创高端科技

盖了。这下卡萨帝彻底征服我婆婆了！

我公公是一个爱穿白衬衣的人。婆婆当时还教我，用什么样的肥皂洗，怎么洗，才可以把白衬衣洗得干净又整洁，怎么晾才可以不出褶子。

自从我用了这个洗衣机洗过我老公的白衬衣后，我就不再用婆婆教的办法洗白衬衣了。我还让婆婆把我公公的白衬衣也拿到我们家洗。我婆婆又是半信半疑地拿过来，因为她不认为洗衣机可以把白衬衣洗干净。但事实是卡萨帝的确做到了，这下我婆婆彻底地心服口服了！

于是她也作出了个决定，把他们家的洗衣机换成和我们一模一样的卡萨帝。

我和老公也积极响应，直接给当时订洗衣机的销售员打电话，都没去店里，就又订了一台一模一样的洗衣机，让他们尽快送过来。

下订单后第三天，洗衣机就给送过来了，这下婆婆可高兴了，婆婆说以后衣服不用再拿到我们家了，她自己也有个强大的洗衣机了。

真是个老小孩儿啊！

（晒单故事作者：张女士）

扫二维码，
看晒单故事原文

原创高端科技

| 用户：房懿成
| 地点：江苏常州
| 产品：欧式云裳滚筒洗衣机
　　　455升朗度多门冰箱
| 晒单时间：2016/03

买得贵，用得值

生活需要自信，而卡萨帝就能带给我自信，让我感觉生活是那么美好。

2015年底，新房装修完成，家里又添了小宝宝，双喜临门。既然家里的人口增加了，当然电器配套也得跟上，比如冰箱要换成大的，洗衣机要换成滚筒的……于是挑了一个好天气，我满怀喜悦之情来到商场。

进入家电专柜，各种冰箱、洗衣机真是琳琅满目。商场里的专柜售货员热情地为我介绍着新产品和性能好的产品。但挑选一番后，不是价格太高就是容积太大，还有就是外观普通，没有令我完全满意的。

想起姐姐和妈妈家现在用的都是海尔冰箱，所以我特地走进了海尔专柜，不料却被一款金色外观，设计大气，一看就上档次的冰箱吸引住了。一番了解后，知道它叫卡萨帝，不仅冷藏空间大，零度保鲜柜更是我追求已久的，所以很快决定出手购买。

买完冰箱后，我又去看洗衣机，卡萨帝又一次令我眼前一亮。不仅香槟金的外观和家里装修的色调十分契合，而且操作简捷。再一看价格，比普通的洗衣机贵一些，但想想洗衣机是经常要用到的，如今又多了位小成员，洗衣频率肯定会更高，省水省电也是必须考虑的，于是我们拿下了这款7.5千克的欧式云裳滚筒洗衣机。

自从卡萨帝来到了我的家，真的是令我家的生活越发温馨。

早上起来打开冰箱，拿出最爱的手抓饼和鸡蛋，在不粘锅上一煎，美好的一天开始了。妈妈从菜场一次性买了几天的菜，分别放入了冷藏、零度格，再也不担心她最在乎的人饿着了。每天下班回到家里，一打开冰箱就能看到妈妈满满的爱意。

原创高端科技

有时朋友来参观我们的新家,看到冰箱时会说:"真有档次!"每逢听到朋友真诚的赞许,我心里都不免暗自窃喜。生活需要自信,而卡萨帝就能带给我自信,让我感觉生活是那么美好。

还有卡萨帝洗衣机,令我的宝妈生活也过得愈发有滋有味。有一次喂宝宝吃苹果泥时,果泥掉在宝宝的衣领上,衣服粘上一块黄黄的污渍。妈妈说苹果汁是最难洗的,估计这件衣服就这样了。我说就让洗衣机洗洗看吧,说不定能洗掉。抱着试试看的心态,我把洗衣机选择在童装程序上,温度调至30℃,洗完后一看,竟完全看不出果渍痕迹,太神奇了!

有时我上班来不及,就让妈妈帮忙洗涤,卡萨帝简单易操作的点触屏,老人也能轻松驾驭。还有,自动智能添加洗衣液和柔顺剂的功能,令我完全没有后顾之忧。当月家里交水费的时候,出乎我意料的是用水量竟比原来少了,卡萨帝真是买得贵,用得值!

如今,卡萨帝已经成为家中不可缺少的一员,与你的每一次接触,我们都会用最温柔的动作。相信你也一定不会让我们失望,在我们这个四口之家尽情地发挥你的一技之长。

(晒单故事作者:房懿成)

(头像为用户家人)

扫二维码,
看晒单故事原文

原创高端科技

用户：陈先生
地点：福建福州
产品：435升云珍多门冰箱
晒单时间：2018/04

保鲜了五六个小时，鱼还活着！

我也是逮到机会就拼命跟他们介绍，当下就有亲戚表示会考虑买卡萨帝。

前段时间家里装修得差不多了，开始要准备置办一些家电、家具。冰箱是存放食物的地方，肯定要买好的。

我咨询了一些家里新装修的同事，有同事向我推荐了卡萨帝，说他家就是用的卡萨帝冰箱，跟我说卡萨帝如何如何好。后来我自己上网了解，发现网上对卡萨帝的评价很高，看来是我孤陋寡闻了。

不过家电我还是不敢在网上买，于是带着一家人去了商城想看看实物。在卡萨帝专柜看到产品实物，我瞬间就被惊艳到了。听了工作人员的介绍后，我又去对比了其他品牌，才真正被卡萨帝折服——从外观到工艺，再到功能和细节，真的没有可挑剔之处。

工作人员还说卡萨帝冰过的东西和别的品牌冰箱冰出来的东西是不一样的，我当时还心

用户家中实景

原创高端科技

想能有什么不一样的，不就是冰嘛。不过老妈和老婆当时一听到这个，立马就心动了。再加上这款冰箱很符合我们家冰箱位的尺寸，于是我们立马就下单了。

新家入住后，很多家里的亲戚来参观，看到这款卡萨帝冰箱都觉得挺漂亮的。我也是逮到机会就拼命跟他们介绍，当下就有亲戚表示会考虑买卡萨帝。

使用起来也是真的不错呢。用了几天，我发现它的保鲜效果真如工作人员所说，那冰出来的东西真的不一样啊，保鲜功能强大，食材的口感保持得极为新鲜。

那天又和推荐我卡萨帝的同事交流起冰箱的使用心得。同事说，有天他老婆买了一条鱼回家，暂时没打算吃，打算晚上再拿出来做，于是就放冰箱里了，过了大概五个小时，他就听到他老婆大叫了一声，还以为发生了什么事情，赶紧跑出来看，结果看到他老婆打开冰箱正在拿那条鱼，而且很惊喜地发现鱼居然还活着！

听了这个故事我也惊到了！真的好神奇，我果然没有买错！希望卡萨帝可以多做宣传，让更多的人知道这个品牌，另外可以有更多的家电种类！

（晒单故事作者：陈先生）

扫二维码，
看晒单故事原文

原创高端科技

- 用户：傅女士
- 地点：陕西西安
- 产品：欧式云裳滚筒洗衣机
- 晒单时间：2017/04

找到了你，解放了我

当日的衣服当天解决，到了周末把床单、被套这些大件一股脑扔进卡萨帝的"大肚子"里，生活就是这么简单。

自从2012年有了"熊孩子"，洗衣、洗不完的衣、洗不干净的衣，就成了五年间我逃不出的"噩梦"。直到拥有了卡萨帝，才把我从"黑暗生活"中彻底解放出来。

因为我和老公是上班族，为了孩子有人照料，就决定先与公婆住在一起。有老人在，照顾孩子自然方便了许多。不过，与老人不同的生活理念，却在一定程度上成了我的负担。同时，老旧的家用电器难堪大用，也成了我的心病。

那五年的生活非常规律——白天上班辛苦工作，晚上下班再与"熊孩子"的一大堆脏衣服作斗争，耳边还伴随着老人的唠叨："领口、袖口多用手搓搓，再放到洗衣机里，这样才可以洗干净……""要省水、省电，生活要仔细……"我虽然早已身心疲惫，但仍然不得不每天重复着这样"悲惨"的生活，甚至都开始怀疑人生了。

日子就这样一天天过去，孩子也慢慢长大。可又有谁知道宝贝那光鲜靓丽的外表下，我付出了多少呢？

孩子慢慢长大，我们决定自己出来住，并开始为自己的家选购家电。不堪回首的痛苦经历让我暗暗决定，一定要选一款超级棒的洗衣机，用来解放自己那双默默奉献了五年的双手。

对于我这样有着五年"黑暗生活"的妈妈来说，这台即将走进我生活，并将陪伴我很久的洗衣机具有无可比拟的特殊意义。因此，我对它也有着超高的要求：一是外形一定要够帅够靓丽；二是包容性和功能性一定要够强大；三是"肚量"一定要够大够广；四是要和我一样爱干净；五是要动静兼于一身；六是要能勤俭持家。只有找到这样的它，有它的多层防护，我的生活才不会再缺失色彩，才能真正开

原创高端科技

启完美的新生活。

　　心里有了目标，我开始了与洗衣机的"相亲"之旅。

　　从开始的斗志昂扬，到最后的身心俱疲，我一度怀疑自己的决定和标准是否太过理想化，我真能找到心目中完美的"它"吗？虽已感到些许沮丧，但我并没有放弃。我知道"它"一定在某个地方等着我。

　　那天，偶然间的一眼，我看见了"它"——卡萨帝欧式滚筒洗衣机。金黄色、干净、简洁、明亮的外表，瞬间深深地吸引了我。

　　"靠近它，了解它……"心中这声音牵引着我慢慢走向它。通过了解，从不知道卡萨帝有多好，到完全被它折服——外观大气、功能齐全、容量可观、清洗细腻、动静如一、节约能源……一切都非常完美！我决定立刻就带它回家！

　　自从有了卡萨帝，每天洗衣服的时间从原来的一个多小时，缩短到十几分钟。当天的衣服当天解决，到了周末把床单、被套这些大件一股脑扔进卡萨帝的"大肚子"里，生活就是这么简单。就连一向对洗衣机无感的老公，都明显感觉到，家里不再"攒"衣服了。

　　找到了卡萨帝，解放了我自己。

（晒单故事作者：傅女士）

扫二维码，
看晒单故事原文

原创高端科技

| 用户：商先生
| 地点：甘肃兰州
| 产品：欧式云裳滚筒洗衣机
| 晒单时间：2018/03

卡萨帝让我变成居家好男人

每次老婆做家务的时候要我帮忙，我会说，老婆我来洗衣服吧，其他家务你搞定，衣服我搞定。

  我买卡萨帝洗衣机已经大半年了，是和冰箱一起买的。冰箱使用一段时间后，2017年在卡萨帝官网晒单时，我申请成为了卡萨帝代言人。哈哈，有点明星的感觉。

  洗衣机由于去年用得不太多，所以一直没有晒单。直到过年前后，我们用得比较多，这次我来说说洗衣机。

  岳父岳母家的洗衣机是普通的双筒波轮洗衣机，不是智能的。于是我在串门的时候自告奋勇地跟岳父岳母说，把你们家的窗帘、被套、沙发套拿到我家去洗吧，人还不累，你们电也省了，水也省了。当然，卡萨帝洗衣机也费不了多少电和水。岳父岳母欣然同意。

于是，为表现当女婿的勤快，我拉了满满一车脏衣物回家，想着回家由老婆去洗就行了。谁知道老婆不买账，说你自己答应的事情自己去做吧，然后就约朋友去买年货了。

这可难不倒我。第二天正好是周末，上午一大早，老婆就出门了。既然接下了这个任务，就得完成啊！于是我把窗帘、沙发罩、床单分了三组，计划分三次洗。先把窗帘和部分衣服放进洗衣机，拉开投放盒加入洗衣液，选择了专业洗，时间1小时12分，再点开始键，卡萨帝洗衣机就开始工作了。

衣服洗上了，我就懒洋洋地躺到沙发上看电视去了，没一会就进入了梦乡。睡得正香时，被一阵音乐声吵醒了，那是卡萨帝洗衣机完成工作时响起的音乐。于是我慢吞吞地起来，拉开洗衣机的舱盖，拿出窗帘去晾晒。卡萨帝洗衣机果然给力，衣物没有任何缠绕，很顺利地一件一件取出，拿到阳台去晾晒。晾好后，我继续洗第二批、第三批，同第一批一样轻松完成工作，没有压力。

用了一上午时间，我把承接的任务全部搞定。由于东西较多，房间里能晾衣物的地方全部被占满了，看着我的劳动成果，很有成就感。我继续打瞌睡，下午老婆回来了，一进门看见我还在沙发上打瞌睡，还有满屋子的劳动成果说："呦，累坏了啊……"

"怎么可能，动动手指分分钟搞定，老婆以后咱家的家务，洗衣服归我，其他归你。"

"想得美，我不知道卡萨帝洗衣机洗衣服轻松啊。"

衣物经过卡萨帝洗衣机甩干后，再加上太阳晒，晚饭前就已经干了。我把它们收好，装车送回岳父岳母家。还混了顿饭，不错的买卖。哈哈！

就这样，卡萨帝洗衣机让我变成一个居家好男人！我使用过卡萨帝洗衣机之后，给同事、家人、朋友都推荐过，告诉他们卡萨帝噪音小、不缠绕，洗衣服也干净。使用卡萨帝洗衣机后，较以前的普通洗衣机比，生活质量提高了，更惬意了！不用像以前那样怕洗衣服、懒得洗衣服了，让做家务变成一种享受，不再是负担。

现在，洗衣服是我的家务活里最简单的事情了。每次老婆做家务的时候要我帮忙，我会说，老婆我来洗衣服吧，其他家务你搞定，衣服我搞定。老婆每次都会数落我就知道干轻的，哈哈。

（晒单故事作者：商先生）

扫二维码，
看晒单故事原文

原创高端科技

- 用户：王女士
- 地点：河北沧州
- 产品：卡萨帝云鼎空调—豪华版（柜机）
  卡萨帝云鼎空调—豪华版（挂机）
  559升天成多门冰箱
- 晒单时间：2018/03

有你，盛夏不难熬

哈哈，我承认自己爱上了云鼎空调，不可自拔！

从2017年初到2018年初，历时整整一年，我和老公终于按照自己的想法，精心装修完了自己的新家，基本称得上没有任何遗憾。看着家里的一切，真是打心眼里有成就感和幸福感，每一处都凝聚着自己的心血，也彰显着自己和老公的品位。

万里长征只剩下最后一步，那就是家电的入场。这可是关键的一步，画龙点睛之笔，我和老公自然是马虎不得。

空调的问题困扰我许久。因为我们全家都是怕冷的人，一直以来对空调没有什么好感，夏天最多开个十多天，主要是因为吹出来的风特别冷，体感不舒服，有时甚至还会感冒。尤其我这种过敏性鼻炎患者，对空调向来是敬而远之。但是考虑到家里没有空调来个客人也不方便，毕竟是生活必需品，这才硬着头皮挑选空调。

我们第一站就直接到了海尔专柜。因为之前家里用的电器都是海尔的，这么多年的感情应该在新家里面继续延续，完美的生活应该有海尔的参与。同时，我也迫切地想看看海尔现在最新的产品能为生活带来哪些改变。

已经十年没有逛过家电市场的我，真的是被震撼了！遇见卡萨帝之后，发现自己真是太无知了，对空调的了解还停留在五六年前的认知水平，真的是out（过时）了。销售员热情耐心地给我介绍了卡萨帝的品牌历程及相关的专利技术，以及多次获得的国际大奖。

我走到空调前，真实地体验了一把云鼎空调的风，确实没有那种冷冰冰的感觉，风很柔软，吹在身上的感觉凉爽舒适。这完全扭转了我根深蒂固的认知，也让我终于认识到近些年卡萨帝在空调领域所实现的一项项突破，所带给人们生活品质的一步步提升，让像我这样反感空调的人，因智能科技的飞跃发展而转为云鼎"铁粉"。

我承认我是个"颜值控"。云鼎空调大气并不缺乏时尚感和科技感的外观设计，完美地

原创高端科技

融汇了东西方美学精华，初次见面就让我有抑制不住要走近它、了解它的冲动。修长的金属机身配上贯穿式矩形出风口，恰似一位潇洒优雅的绅士，阵阵的柔风舒适地扑面而来，如耳语一般，我愿沉浸其中，不思归路，除非与君相伴余生。

哈哈，我承认自己爱上了云鼎空调，不能自拔！更惊喜的是，云鼎空调还能净化空气，除掉空气中的PM2.5（细粒），真是太贴心了。

沧州这边的空气质量不好，经常是中度污染以上，有了它，家里的空气也能让人放心了。之前纠结于卧室到底要不要装空调，现在也打消了顾虑。就这样，我们入手了一台柜机放在客厅，一台挂机放在卧室。有了卡萨帝，终于可以睡个安稳觉，让盛夏不再难熬。

销售员也耐心地为我们讲解了卡萨帝的一些售后保障服务，以及会员可以享受到的待遇，确实让我觉得这个品牌是真正把好的产品、好的服务送到广大的消费者身边。冰箱我们也选择了卡萨帝的559升智能多门冰箱，但因为之前并不了解品牌，所以为了符合装修预留的位置，洗衣机早选了别的品牌。真是相见太晚，将来如果更新洗衣机，一定会首选卡萨帝！

卡萨帝，高贵奢华与智能科技的化身，很荣幸自己能有机会认识它走近它，并邀它一起参与到自己未来生活的每一天，我相信与卡萨帝的缘分是一生一世的，也希望卡萨帝继续用智能科技引领家电市场的发展，创新人类的完美科技生活。

（晒单故事作者：王女士）

扫二维码，
看晒单故事原文

扫二维码，
看晒单故事原文

原创高端科技

| 用户：许女士
| 地点：黑龙江哈尔滨
| 产品：801升朗度双开门冰箱
| 晒单时间：2017/02

五十多岁的我
还能被艺术生活
的创造者击中

人到中年的我，算是个喜欢追求优雅格调生活的人，没想到却在五十多岁时，还能有幸被艺术生活的创造者——卡萨帝击中。

我做了三十几年的教师，一直为自己的职业而自豪。工作中，我养成了有责任心、严谨、追求品质的性格。当然，这种性格不仅表现在工作上，更延伸到了我生活里，甚至是家电的选择上。

二十年前家里购买第一套家电的时候，一向比较严谨挑剔的我，毫不犹豫地选择了海尔，主要原因有两个：一是张瑞敏砸不合格冰箱的故事，让我坚信有如此领导的企业，生产的产品必然质量过硬；二是海尔有自己的售后服务系统，有保障。二十年的使用经历，海尔从没令我失望。

2017年的某天清晨，我起床后突然发现家里已经用了八年的双开门冰箱坏了，于是马上赶到了电器商场。没想到一进门，我就被一排淡金色的冰箱吸引住了。冰箱外观的金色喷漆，拿捏得恰到好处；暗纹理的点缀，让人感到既漂亮、高贵，又时尚、大气、不媚俗。听了营业员的介绍，我了解到这台冰箱原来是国际高端家电品牌卡萨帝，功能十分强大。"我说我怎么这么有眼光呢！"

当然，只有漂亮的外貌是远远不够的，还要在意它的内涵。经过一番认真细致的了解，我果断出手：就是它了！就这样，一款卡萨帝冰箱走进了我的家。

仅仅使用了半个月，我就发现了卡萨帝的与众不同：它不仅外貌漂亮，里面的空间设计也很合理方便，让人每天都愿意多看它几眼；冰箱虽然大，噪音却很小，以前的冰箱真没法和这款冰箱对比，极大地提升了我的家庭生活品质。太满意了，真是实用与艺术的完美结合！

一不留神，我就过上了向往的"小资"生活。

如今，我使用卡萨帝冰箱刚一年有余，已

原创高端科技

被卡萨帝深深"圈粉"。卡萨帝冰箱强大的保鲜功能令我十分惊喜。例如,以前我出差或旅游出去一个周,怕冰箱里的东西坏掉,总是在走之前把东西清理一遍或者送人,浪费问题严重,自己也很心疼。现在就算出去半个月也不怕了!回来之后冰箱里的东西依然新鲜味美,汁水饱满,为家里减少了浪费的同时,也给家庭带来了诸多便利。

之后,我又把用了多年的洗衣机也换成了卡萨帝。换完后没想到的是,我以前不愿意做家务的老公竟开始喜欢上了洗衣服,并以此为乐趣,在他的眼里卡萨帝什么都能洗,而且还方便快捷。

人到中年的我,算是个喜欢追求优雅格调生活的人,没想到却在五十多岁时,还能有幸被艺术生活的创造者——卡萨帝击中。我的激情居然能被它点燃,一发不可收拾,让我深深地爱上了卡萨帝!我希望能逐步把自家的电器都换成集科技、艺术于一身的卡萨帝。

现在我只要有机会就会向我的亲戚朋友推荐卡萨帝,告诉他们卡萨帝的好处不使用是体会不到的。请注意,我可是没有卡萨帝的股份哟,之所以要向他们推荐我的最爱——卡萨帝,是因为我希望他们也能同我一样享受到卡萨帝创造的优雅格调的艺术生活!

(晒单故事作者:许女士)

扫二维码,
看晒单故事原文

原创高端科技

- 用户：申秋
- 地点：四川内江
- 产品：445升云珍意式冰箱
- 晒单时间：2017/06

半夜煮夜宵，
不怕没青菜

把绿色带叶子的蔬菜放在冰箱过不了第二天的日子一去不复返了。新鲜蔬菜每天换着吃，半夜煮夜宵再不怕没青菜下面了！

　　我家的旧冰箱每个月都要除冰，门老关不上，半夜噪音也很大。早上放点蔬菜在保鲜区，晚上拿出来时，蔬菜叶子都冰在上面撕不下来，不仅难看，久了还有股味道。就算包着保鲜袋，也会照样冰在上面，太无语了！

　　老妈每次除冰，都得花费三个小时左右：用毛巾擦、用勺子刮、用手去掰，掉下来的冰再捡到盆子里，冻得手红红的，还老被尖尖的冰块戳破手。我们劝她不要做了，但她还是坚持每个月做一次。我们虽理解老人心情，心里却更心疼她。

　　老公有一次打开冷冻室拿肉，抽屉拉不出来，老公怒了，拿把菜刀就在冰箱门上猛劈。第二天冷冻室就不制冷了，肉也全坏了。找修冰箱的师傅一问，说管坏了，必须抬到维修部才能换管。从六楼三个人慢慢抬下去，再上车拉到维修部，修了一星期送回家，还要再抬上楼，累个半死，又费钱又费劲！

　　换好管抬回来一看，冷冻室的管都露在外面了，丑到极点！师傅还交代我们说，不用冰箱的时候，就把电关掉，打开冰箱让它自己除冰。于是我们也照做了，谁曾想，有一天睡到半夜，保鲜区一整块冰掉了下来，摔到了地板上，把我们全家都吓了一跳！从卧室赶紧跑出去一看，一地的水呀、冰呀，流得满屋子都是。得，又得收拾了……

　　自从那件事之后，我决心要给家里换一台无冰无霜的好冰箱！于是我闲来无事，就上网搜索好的冰箱品牌，也经常和周围的朋友讨论什么品牌的冰箱好。经过我一番调研，发现卡萨帝的冰箱网评非常好，令人放心。话不多说，我立马搬了一台卡萨帝回家。

　　自从买了卡萨帝，我们家再也不用为除冰伤脑筋了，半夜也不会再听到冰箱发出的噪

原创高端科技

音,更不必为耗电担心。因为卡萨帝可是采用直流调速压缩机,变频一级,控温精确,比普通的定速压缩机冰箱波动要小,输出功率合理,节能更省电。

而且卡萨帝不仅外观设计得大气、时尚,材质用的也都是钢化玻璃面板,可触摸调温,也可全频电脑控温,还有智能报警。内里设计得更是人性化,风冷无霜,不会再有蔬菜叶子或保鲜袋冻在冰箱里,保鲜的效果真是没得比,比一般的普通冰箱保鲜质量要好得多。

把绿叶子的蔬菜放在冰箱过不了第二天的日子一去不复返了。现在在菜地里多摘几种绿叶子的蔬菜储存在冰箱里,放一周都没问题。新鲜蔬菜每天换着吃,半夜煮夜宵再不怕没青菜下面了!

除此之外,卡萨帝的冷藏保鲜区除了放蔬菜、水果、饮料,还多置了一个放煲汤药材的干燥区;下面两个抽屉式冷冻室,都有一个可滑动的置物架,可以放饺子、汤圆、雪糕以及制冰的冰格,也可以与冷冻的肉类分开摆放,分类清晰,实用性很强。

自从有了卡萨帝,我们生活水平提高了。此后,我会把这么值得信赖的冰箱分享给更多需要的人!

(晒单故事作者:申秋)

扫二维码,
看晒单故事原文

原创高端科技

| 用户：刘锐
| 地点：辽宁鞍山
| 产品：欧式云裳滚筒洗衣机
| 晒单时间：2018/05

征服了"理工男"的卡萨帝

但是这次我洗衣服的时候没有声音，以至于我一度怀疑是不是洗衣机坏了。

我和老公平时都忙于工作，很少有闲暇时间去逛商场。对于家电，老公比我要了解得多一些，他平时会在网上看看选家电的一些常识，而我就是两眼一抹黑了。因为忙，我们都是在马上要结婚了才抽出时间去商场看看家电。令我没有想到的是家电会有那么多品牌，我感觉头都大了！

一开始我们想买韩国品牌洗衣机，但老公是一个标准的工科男，很注重易用性和实用性。所以考察一番后，老公觉得韩系品牌并不尽如人意，便有点纠结。于是我跟老公说，我们冰箱不是买了卡萨帝的吗，那我们再去卡萨帝看看洗衣机吧！

就这样，我们来到了卡萨帝展台。一位销售人员热情地接待了我们，说欢迎体验世界上第三种洗涤方式——空气洗！听了这话老公顿时来了兴趣，就问什么是空气洗呢。销售人员告诉我们，世界上第一种洗涤方式是水洗，第二种洗涤方式是干洗，卡萨帝开创了世界上第三种洗涤方式空气洗。不光是将衣物去污，还能给衣物带来呵护。卡萨帝的空气洗可以还原衣物纤维，使衣物恢复如新。这真的是太神奇

原创高端科技

了，尤其对老公来说太有挑战性了。

老公是个肯定要见真章的人，所以就在那停了下来。这时销售人员拿来了一件羽绒服给我们看，说这是洗完以后的，看着真的特别蓬松，摸着也很柔软。销售人员又给我们讲解了空气洗的原理，我是没有听明白，不过老公倒是听得津津有味。我看老公频频点头，应该是认可了这款产品。

我在旁虽然听不懂，却也想起了老妈之前告诉过我，一定要选一台好的洗衣机，因为我和老公都不是会洗衣服的人，所以选洗衣机很重要。于是我坚定了信念，本着对老妈的信任，我和老公坚持一定得买一台好的洗衣机。老公一开始以为我是想逃避洗衣服，后来我对老公说："我更加注重洗后的效果，老公在外面是我的脸面，你的衣服不干净别人会笑话我的！"听了这话，老公非常感动，就这样我们家又多了一个新成员——卡萨帝洗衣机！

洗衣机送到家后，我迫不及待地找了几件衣服试了一下。之后我就惊呆了，在洗涤过程中我都没有听见声音，这使我对洗衣机的认知有了翻天覆地的变化，我这才理解了妈妈让我买一台好洗衣机的用意。之前家里的洗衣机真的没比拖拉机差多少，每次洗衣服的时候都会听到轰隆轰隆的声音。但是这次我洗衣服的时候没有声音，以至于我一度怀疑是不是洗衣机坏了。过一会我就去看它还在工作吗，老公就问我你隔一会就去看看，看什么呢？我告诉老公洗衣机在工作的时候没有声音，我不放心。结果老公好一顿笑话我！把衣服拿出来以后看真是洁净如新，衣服的里里外外都洗得非常彻底。

以后有了这个强大的帮手，我就可以解放我的双手，有更多的时间来学习如何生活。之前想过不会做饭还可以到老妈家蹭饭去，但是衣服没有办法拿给老妈洗啊！

总结一句话：听老妈的话，准没错！

（晒单故事为用户妻子所作）

扫二维码，
看晒单故事原文

原创高端科技

- 用户：陈女士
- 地点：福建厦门
- 产品：双子云裳洗干一体机
- 晒单时间：2017/11

省时省力新神器

期望用上卡萨帝家族中其他高端大气的产品，因为每一件卡萨帝的产品都诠释着家电生活的艺术！

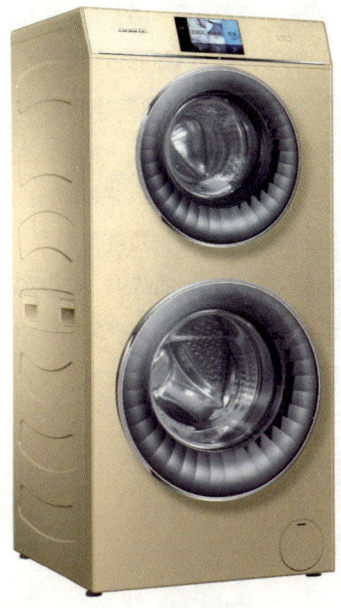

响应国家计生政策，家里有了新成员，不过也打乱了原先我们一家三口的生活节奏。二宝的来临让我们手忙脚乱，就想着去卖场买一台带烘干功能的洗衣机，洗完就有衣服穿，二宝一天弄脏多少次衣服都不怕。

"双十一"来临，就有了"剁手"的冲动。思来想去，家中的海尔小神童洗衣机为我们一家服务了近八年，质量很好没得说，只是功能受限。小孩一下子多出很多衣物，手洗费时费力，放一起机洗又不放心，于是全家商量要买一台大的带子母桶的洗衣机。

走进卖场看了一圈，销售员把我带到卡萨帝面前，我眼前一亮！不愧是源于意大利灵感的国际高端家电品牌，深深地震撼了我的心，想象着这件艺术品一样的家电放置在我家是什么样的感觉。

销售员耐心细致地讲解了卡萨帝系列产品。了解我家的需求后，她向我推荐了双子云裳洗干

原创高端科技

一体洗衣机：全触屏操作，上下双筒分区洗，双子星智平衡系统，双模云裳洗护系统，多功能贴心服务。"创艺"家电，格调生活，我真有马上就下单的冲动！

谨慎起见，我第一时间还是想到网上再看看，其他卖场也要去看看。一天下来，货比三家，线上线下对比，觉得还是卡萨帝功能强大。对这款洗衣机不仅是看在眼里，销售员的热心和耐心也打动了我。定啦，就是它，别无他选！

自从用上这台带烘干功能的洗衣机，二宝一天弄脏多少次衣服都不怕了！而且很安静，带无线网络功能，省心，省时，又省力！我家的新神器！

真没有想到，源于意大利灵感的国际高端家电品牌也走进了我们平凡百姓的生活！触控科技引领潮流，多重模式随心所"洗"，卡萨帝为了精确实现高格调、高品质的生活，对其家族每一个品类的产品都赋予了专属的境界理念！卡萨帝洗衣机为我家带来轻松洁净！给你一万个赞！

我也把卡萨帝洗衣机推荐给了单位同事。起初大家都不看好我的选择，认为几千元就能买很好的洗衣机了，没有必要去烧那个钱！可自从见到我家卡萨帝的运行，他们立马就被它无与伦比的气质吸引了！

期望用上卡萨帝家族中其他高端大气的产品，因为每一件卡萨帝的产品都诠释着家电生活的艺术！

（晒单故事作者：陈女士）

扫二维码，
看晒单故事原文

原创高端科技

👤 | 用户：史女士
📍 | 地点：山西大同
🅲 | 产品：纤诺系列滚筒洗衣机
🕒 | 晒单时间：2018/04

别了，干洗店

我觉得，决定卡萨帝洗衣机价格的是它的价值！绝对物超所值！

曾经在朋友家无意间发现了卡萨帝洗衣机，当时就很心动。朋友说，这是国际高端品牌，很好用，超级静音。

通过朋友仔细介绍，我知道这台卡萨帝洗衣机不仅可以水洗，而且还可以空气洗，包括家里不能水洗的衣服、被子，交给它都没问题。电机在运行过程中超级静音，不像以前的洗衣机在用过一段时间后，噪音非常大，而且还容易颤抖，这台洗衣机完全不会出现类似的问题。洗衣液智能投放、自动添加。更神奇的是，这是一款可以洗貂皮、羊绒，甚至是连皮衣都可以洗的高端洗衣机。太神奇了，以前真的从来没有听说过！

我把家里的貂皮拿到朋友家，让他当着我的面，把这件衣服洗了。洗完后，发现真的是那么神奇！虽然这台洗衣机价位有点高，但是可以洗貂皮等高端面料。在外面干洗店洗一件也需要花费很多钱，而且外面的衣服又是跟别人的衣服混着洗，不太卫生，在家里洗又方便又卫生！所以我觉得，决定卡萨帝洗衣机价格的是它的价值！绝对物超所值！

这么好的产品无论推介给谁，他都会打心里喜欢的。所以，以后如果身边的亲戚朋友买家电，我都会极力推介卡萨帝，因为把好的产品无论推介给谁，他都会感激你的。

这就形成了良性循环，让卡萨帝的品牌通过我产生裂变，让家家户户都用上卡萨帝的洗衣机，支持卡萨帝！因为我觉得这是一个值得推荐、值得炫耀的品牌！我会以家人的态度对待卡萨帝，因为我了解它的内在，了解它的优势。我会向更多人介绍它，让更多人了解它！

（晒单故事作者：史女士）

扫二维码，
看晒单故事原文

原创高端科技

- 用户：王先生
- 地点：江苏连云港
- 产品：455升朗度多门冰箱
  欧式云裳滚筒洗干一体机
- 晒单时间：2015/12

"IT男"的智能之选

在这之前，我从来没用洗衣机自己洗过衣服。而使用卡萨帝，让我知道原来洗衣服可以如此简单。

2015年家里装修之前，我就在考虑买什么样的洗衣机。开始，我一直在卡萨帝和另一个品牌之间纠结，最后让我下定决心买卡萨帝云裳洗干一体机的是网上的一个实测帖子：往白衬衫上倒辣椒油，在不用任何洗衣液的情况下，只用清水来洗。我心想，有油渍的衣服给人的印象是即使用洗衣液也洗不干净的，而这款云裳洗衣机在不用洗衣液的情况下也能洗干净，真有点不可思议。

这款8.5千克洗干一体机一送到家，我就迫不及待地把一条很脏的裤子放在里面，没放洗衣液测试了一下。既然家里人都不相信我说

原创高端科技

的,所以我只能做给他们看喽!

果然,卡萨帝没有让我失望。衣服烘干以后拿出来,就像新的一样!我像捡到了宝贝,把裤子拿到家人面前炫耀。爸妈这下才相信我所说的是事实,都不停地称赞现在的科技的确太强大了。选择卡萨帝,让我在爸妈面前赚足了面子。

洗涤中我发现,卡萨帝的操作特别简单,而且不管是用电量还是用水量都特别少。在这之前,我从来没用洗衣机自己洗过衣服。而使用卡萨帝,让我知道原来洗衣服可以如此简单。

我是一名"IT(信息技术)男",最喜欢智能家电了。我说的智能家电,不是里面只装一个智能芯片就叫智能家电了,而是使用时能遥控和拓展各种功能。

卡萨帝洗衣机的预约功能就很智能,可以把洗衣结束的时间推迟到第二天早上,这样起床就洗,洗完直接拿出来晒,确实很方便实用。以前一直担心洗衣机用久了,会滋生细菌,现在有了机筒自洁功能,让我打消了顾虑。

感谢卡萨帝,让洗衣服可以如此简单!

同样以智能打动我的,还有一起购买的卡萨帝455升朗度冰箱。家人都特别喜欢这个大家伙,它很轻松地就融入了我们这个大家庭,现在它更是扮演着一个不能替代的角色。

它有四种变温空间,可以满足各种不同的存放需求;我在冰箱里放了什么样的菜、什么样的鱼类,放了几天,都可以通过联网从手机上很直观地看到,并且还会提醒我哪一样菜快要过期了。像我这种常常把菜放入冰箱然后就记不得放了多少天,不知道这个菜还新鲜不新鲜的人,这个功能特别实用。

以前的冰箱,家人从来不打理,冰箱里面常常都是吃不完的饭菜,乱七八糟的,再好的心情,在冰箱打开的一刻都没了。现在打开我家的卡萨帝,里面满当当的,而且整理得井井有条。最下层的蔬菜,左右边门的饮料,老爸的茶叶,我的啤酒……尤其配上后面超大、超漂亮的背景灯,朋友来家里做客,打开冰箱也特别有面子!

(晒单故事作者:王先生)

扫二维码,
看晒单故事原文

扫二维码,
看晒单故事原文

原创高端科技

用户家中实景

- 用户：栗子
- 地点：河北邯郸
- 产品：519升天成多门冰箱
- 晒单时间：2017/08

不要吊柜，要卡萨帝

我们发现，蔬菜放在里面一个星期，再吃的时候依然鲜嫩如初，水分不减，毫不夸张！

2017年夏天，新房终于装修完成，却因为我和老公工作较忙的缘故，家电迟迟落实不到位。直到秋天的一天，我和老公偶然路过家电卖场，才终于下决心开始为新家置办家电。

我们被高端品牌卡萨帝的一款冰箱吸引住了。不说别的，它外观的质感真令人太满意了！

我们赶紧过去了解这台冰箱。在销售人员的介绍下，我了解到它可以自动制冰，这个功能很适合我老公。到了夏天，到家能马上来一杯加冰啤酒，那我老公肯定欢喜得要命。还有一键开启最低端抽屉的设计，很适合家里的

原创高端科技

老人。老人岁数大了，弯腰不方便，这个功能很实用。还有超大保鲜空间、动态杀菌这些功能，完全可以满足婆婆存放食材的需求。而且，如此强大的功能，将来为宝宝储放母乳也肯定要比普通冰箱更新鲜、干净、卫生。

二话不说，我和老公立马下单购入！

可是货送到家时，我们才发现冰箱的尺寸与预留的尺寸不符合，根本放不进去，这令我俩十分懊恼。没办法，我们只好去卖场办理了退货。

退完之后我们就有点后悔，因为我们两口子确实很喜欢这款冰箱，功能也的确可以完全满足我们的需求。于是我拉着老公商量，既然冰箱的尺寸改不了，我们可不可以把厨房里的吊柜改一下？没想到老公听到我的提议后，竟然十分赞成。

我们赶紧找来装修师傅，把厨房的电路重新移位。然后，抓紧联系了橱柜厂修改图纸，虽然遭到对方多次劝阻，但在我们的坚持下，最终还是修改了图纸，总算是给冰箱腾出了地方。

装修修改结束后，虽然厨房最后没有了吊柜，但我认为既然是自己喜欢的、想要的，就应该去追求，年轻人就要有自己的想法。

随后，我们又去卖场重新挑选了一款卡萨帝冰箱，比上一款功能更加强大。

用了一段时间后，我们发现这款冰箱真是太棒了！平常父母不过来的时候，我们俩很少做饭，但会把一星期的菜买好囤在冰箱里。我们发现，蔬菜放在里面一个星期，再吃的时候依然鲜嫩如初，水分不减，毫不夸张！而且这台冰箱还有干湿分储的设计，豆子、茶叶之类的可以放到冰箱里，不仅可以防潮，一直保持干燥的状态，还能得到完美的储存。

真的用过之后，体验了，才来给大家推荐。相信自己，选择卡萨帝，不会让你失望！

（晒单故事作者：栗子）

扫二维码，
看晒单故事原文

原创高端科技

- 用户：贾小蕾
- 地点：山东淄博
- 产品：双子云裳滚筒洗衣机
- 晒单时间：2017/04

科技点亮生活，真心的

之前犹豫是否购置两台洗衣机，看到卡萨帝双子云裳之后就不再纠结了，"高大上"的外形摆在家里也能增添颜值！

有了宝宝之后，生活变得非常忙碌。一个婴儿的需求实在是太多，经常让新手妈妈手忙脚乱，马不停蹄地在房间里来回奔波，平时下班回家要照顾陪伴孩子，好不容易到了周末也还是得洗洗洗、涮涮涮，看电视更成了奢侈享受，根本没时间看。作为一个上班族妈妈实在是疲惫不堪，甚至觉得不上班的时间要比上班辛苦得多。

经过了一段非常辛苦的生活后，我觉得不能再这样下去了，否则整个人都要垮掉，心情也会变得极糟，甚至会对宝宝横眉冷对。

参照了一下外国妈妈可以一个人带三四个宝宝还比较悠闲的经验，我发现外国妈妈带娃用的都是高科技产品：吃的有辅食机、喝奶有冲奶机、洗碗用洗碗机、扫地有扫地机，洗衣服更是有带烘干消毒功能的洗衣机。于是，我在购置了一系列高科技产品后开始考察洗衣机了。

宝宝的衣服，我一直坚持手洗并且有单独的洗衣盆，绝对不和大人的衣物混洗，有的时候还会烧些开水烫一烫。但是如此烦琐的洗衣步骤，实在令我感到非常疲惫，所以我现在决定给宝宝单独购置一台洗衣机。我首先看中的是壁挂洗衣机，觉得比较适合洗宝宝衣服。但是壁挂洗衣机要单独顺管路，对于我这种"墙面整洁控"不太适用。然后我又考察了洗脱全自动的迷你洗衣机，结果觉得它容量太小了，宝宝再长大一点就只能分批洗衣服了。

为了找到满足自己需求的洗衣机，我上网了解了一下洗衣机市场，无意间发现了卡萨

原创高端科技

帝的双筒洗衣机,我顿时不淡定了。第二天就"杀"到了卖场参观,结果就对卡萨帝双子云裳洗衣机一见钟情,就是它了!成人和宝宝的衣服可以分开洗的先进设计,还有容量都够大的上下双筒,以及简单的操作方式和多种可供选择的洗涤方式,高端奢华的外形。之前犹豫是否购置两台洗衣机,看到卡萨帝双子云裳之后就不再纠结了,"高大上"的外形摆在家里也能增添颜值!

洗衣机送来之后,邻居看到后都很惊奇,说没见过长成这样的洗衣机。一传十,十传百,好多邻居都来我家参观,大家纷纷表示以后换洗衣机也要换这样的。

接下来就是使用了,容量还真是大,家里床单被罩全塞进去也不成问题,上筒洗宝宝衣服略显空旷,不过没关系,宝宝会长大的。而我也再不用周末埋头洗衣服了,更不用担心宝宝衣服替换不及时。还有最重要的一点,卡萨帝洗衣服时是完全超静音的,经常搞得衣服洗完忘记拿出来呢。

现在每每看到卡萨帝洗衣机,我都只想到一句话:科技点亮生活啊!真心的!

(晒单故事作者:贾小蕾)

扫二维码,
看晒单故事原文

原创高端科技

用户：Jamie
地点：福建龙岩
产品：360升云珍意式冰箱
　　　欧式云裳滚筒洗衣机
晒单时间：2018/03

空气洗让我欣喜若狂

其中有一个功能让我欣喜若狂，为之向往，那就是空气洗的功能。

我一个非常要好的同学向我推荐了卡萨帝。

我们从高中起就相识，到现在已经八年的时间了。当时他是海尔的员工，他以前就常常对我说，如果以后要买电器可以找他，他会向我推荐一些牌子。毕竟术业有专攻，我们对家电产品，除了几个耳熟能详的大品牌之外，可以说是一无所知。

后来因为新家开始装修了，我们考虑要提前购置家具和电器。之前一直都辗转于海尔，而且也已经挑好了海尔的冰箱和洗衣机。但因为时间还早，距离装修结束新房入住还有一段时间，就一直拖着，我们也不担心，也不着急，反正心急也吃不了热豆腐。等到新房子装修完通风的时候，我们才真正开始着手于家具和电器的购买。

于是我又去询问了我这个同学的意见，他对我说，如果经济上允许的话，建议我买卡萨帝。然后他跟我详细地说了卡萨帝的产品有多好。虽然我们对家电没有什么研究，但是我觉得我这个高中同学比较可靠。

然后他推荐了一款卡萨帝滚筒洗衣机和一款卡萨帝冰箱。当时我还询问了他滚筒洗衣

原创高端科技

机的优缺点以及和波轮洗衣机的区别,哪种更好。他向我推荐了这款卡萨帝的滚筒洗衣机。

其中有一个功能让我欣喜若狂,为之向往,那就是空气洗的功能。在我的概念上感觉就和干洗差不多,但就是这个功能让我非常喜欢。因为居住地离干洗店非常远,导致我和我爱人秋冬的大衣已经放置很久没有清洗。买了卡萨帝这款带有的空气洗功能的滚筒洗衣机之后,我们的大衣得到了非常棒的清洗。而且加热功能也能很好地杀菌消毒。

我对卡萨帝有了一个全新的认识:功能强大,外观又非常漂亮,颜值很高。我老公是一个对物品颜值非常挑剔的人,居然也对卡萨帝的产品赞不绝口,还一直嚷嚷着要请我那个高中同学吃饭。

我目前买了卡萨帝的冰箱和洗衣机,听说热水器也很好,准备入手。

我也向我周边需要购买电器的朋友推荐了卡萨帝,因为自己真的觉得卡萨帝好用!

(晒单故事作者:Jamie)

扫二维码,
看晒单故事原文

原创高端科技

- 用户：徐先生
- 地点：北京
- 产品：欧式云裳滚筒洗干一体机
- 晒单时间：2016/03

难以置信的便捷

有了卡萨帝，也再不会出现我女友催我说"你去洗衣服"之类的对话。因为这台洗衣机操作实在太简单，小朋友都搞得定！

相比其他品牌电器，卡萨帝在品质和实用性上有过之而无不及。而且卡萨帝近年逐步加大创新力度，质量过硬。在充分了解了这款欧式云裳滚筒洗干一体机的功能和操作性能之后，我和女友就毫不犹豫地下单了！

我们原本打算选择白色。但销售人员告诉我们，白色打理起来比较费力，所以推荐我们选择金色那款。于是我们又仔细地查看了卫生间的装修效果图，反复讨论和想象之后，反而觉得金色更加合适。

接下来，我们便期待着卡萨帝洗衣机陪伴我们共同生活！

下单后第三天通知商家安装送货，送货师傅和安装师傅人都很好，安装完毕后也为我们详细讲解了日后如何使用及保养的问题，整个安装过程很顺利。我们把它放在了次卫，洗衣机门正对门口，让它把自己最美的一面展现给我们。

我和女朋友都是"懒癌患者"，这款洗衣机可以根据洗衣重量自动添加适量的洗衣液，这个功能非常适合我们。我们只需要把衣服塞进去，按下启动按钮，整个洗衣过程就搞定了！

我女友以前曾在国外学习，住在公寓里，早已经习惯使用带烘干功能的洗衣机。而我则是初次穿没经过晾晒，直接烘干的衣服，简直难以置信。在感叹科技进步的同时，也对我们本次购买卡萨帝洗衣机的选择更加得意！

说实话，我们平时把大部分精力都放在工作上，真心不想在洗衣服的问题上多浪费时间。有了卡萨帝，也再不会出现我女友催我说"你去洗衣服"之类的对话。因为这台洗衣机操作实在太

原创高端科技

简单,小朋友都搞得定!

　　操作简单,节省了时间;噪音低,不影响休息;最重要的是衣服洗得干净,残留味道小,穿着更放心……就是这样,卡萨帝洗衣机无形中影响着我们,让我们更轻松地享受生活,享受科技带给我们的便利!

　　期待卡萨帝能不断地用坚持创新与刻苦钻研的精神,生产出更多令人惊艳、让人无法割舍的优质产品!

(晒单故事作者:徐先生)

扫二维码,
看晒单故事原文

原创高端科技

| 用户：婴宁
| 地点：浙江宁波
| 产品：欧式云裳滚筒洗衣机
| 晒单时间：2016/09

卡萨帝让我
爱上了洗衣服

最重要的一点是，卡萨帝洗衣机超静音，在一个位置永远都是静静地乖乖地站着工作，不会像别的洗衣机那样叫啸着移动。

　　认识卡萨帝是同事结婚时，我去她新装好的婚房参观，发现新房里所有的电器几乎都是一个品牌——卡萨帝。同事是个追求生活品质的"白富美"，到底卡萨帝是怎样的一个品牌，以至于让她如此着迷？

　　于是我带着疑惑询问同事，同事告诉我说，卡萨帝是海尔旗下的国际高端品牌。说起海尔我是知道的，我家里的冰箱、洗衣机都是海尔的，用了好多年了，基本没有出现过故障，也感受过海尔完美的售后服务。

　　这件事之后，我心里便默默记下了卡萨帝这个品牌。

　　后来，家里用了十年的洗衣机坏了，我决定放弃修理，重新再购置一台新的洗衣机。可是，该买什么品牌呢？刚踏入家电城，我就想起"卡萨帝"这个词，于是快步找到这个品牌的销售处。第一眼看到摆放在那里的洗衣机，我心里就默默喜欢上了：外形线条流畅，香槟色色彩温馨，在灯下泛着高贵的光。

　　销售人员热情地接待了我们，向我们详细介绍了卡萨帝的各种优越功能。了解后，我和先生便爽快地下了单。

　　第二天，我的新伙伴就华丽丽地来到了我的家。安装完毕后，马上试用，刚好上幼儿园的女

原创高端科技

儿换下来一套"惨不忍睹"的运动服,我特意不对衣服上的顽渍进行处理就直接扔进洗衣机里。洗完之后拿出来一看,哇,真是出乎我的意料啊!衣服上所有脏兮兮的斑斑点点全部都洗干净了,这也太神奇了吧!那以后我只要做到把衣服放进洗衣机,调好模式,按下启动键就行了,感觉自己真的爱上洗衣服了!

用了一段时间的洗衣机后,我发现它还有很多优点:触屏模式特别好用,适合各个年龄段的人,连我70岁的老妈也一用就会;洗衣液和柔顺剂会自动添加,再也不用担心洗衣液是放多还是放少了;多种模式选择,再也不用头疼不同材质的衣服不能一起放进洗衣机了,以前曾把好好的毛衣洗小了两个尺寸,心疼了好久。最重要的一点是,卡萨帝洗衣机超静音,在一个位置永远都是静静地乖乖地站着工作,不会像别的洗衣机那样叫啸着移动。

总之,我发现,一分钱一分货,任何东西贵都有贵的道理。选择卡萨帝就是选择完美,我庆幸自己没有选错。我甚至暗暗盼望着,家里的冰箱也可以早早退休,这样我就可以立马换卡萨帝的冰箱了!

(晒单故事作者:婴宁)

扫二维码,
看晒单故事原文

原创高端科技

| 用户：懂懂
| 地点：山东青岛
| 产品：欧式云裳滚筒洗衣机
| 晒单时间：2018/04

卡萨帝帮我尽孝

对于我来说，这台洗衣机，已不仅仅是一台家电、一件商品那么简单，而是帮助我，尽了一点点对父母微薄的孝心。

母亲今年62了，几年前开始神经衰弱，在家里什么声音都听不得，一听见噪音，整个人的精神状态就崩溃了。平日，大家在家连手机铃声都不敢开，只能设成震动。家里以前有台老洗衣机，在我很小很小的时候，这个洗衣机就是家里的一员，起码已经二十年了。它太老了，太陈旧了，机器一启动，嗡嗡的轰鸣声，就像开过来一辆坦克。母亲再也无法忍受这种声音，索性让老爸把这台古董洗衣机处理掉了。

2017年过年回家，我猛然发现六十多岁的老母亲，在大冬天里竟自己用手搓洗衣服。我老家在农村，没有暖气，没有热水，老母亲手上的冻疮一个接着一个，我看着心里真不是滋味。过完年回到青岛，正好我的新房子交房了，所有的家具家电都要换新，我就想趁着这个机会，找一台合适的洗衣机送给母亲。

我选择洗衣机的目标非常明确，第一，容量大。老家还用着棉花被，一床就是五六千克，小洗衣机不顶用。第二，要清洁能力强的。老爸还要下地干活，衣服脏得快、脏得厉害。第三，声音要小。要找静音水平高的，否则声音太大了，买回去也会给母亲增添烦恼。本着这几个原则，便开始了挑选洗衣机的漫漫之路。

说来也是巧合，一天去城阳办事，路过一家家电专卖店，就顺便进去逛了逛。这一逛倒是收获颇丰，既买到了自己喜欢的卡萨帝双子云裳洗衣机，还买到了最想要的大对开门冰箱。交完钱等发票的时候，我突然想卡萨帝水平这么高，不知道有没有适合母亲的洗衣机呢？

在售货员介绍下，我了解到了另一台卡萨

原创高端科技

帝洗衣机,这台洗衣机采用陀飞轮技术,保证了平衡和静音。陀飞轮对于我这个手表爱好者来说可是很熟悉的,这一下子就吸引了我。再仔细一聊,8.5千克的洗衣容量,完美啊!完全满足了我的两个基本需求。按捺住心里的欢喜,让售货员给我当场演示了一下。不错,非常好,卡萨帝果然没有让我失望。直接交钱,再加一台洗衣机!

卡萨帝使用至今快2个月了,老人用得非常好,再也不用自己费事手洗。

在现在这个时代,人人的生活压力都很大,上有老,下有小。顾着自己小家的时候,老人就很容易被忽视,顾及不到。每每想起母亲在冬天里洗衣服的场景,我都感到十分愧疚。

对于我来说,这台洗衣机,已不仅仅是一台家电、一件商品那么简单,而是帮助我,尽了一点点对父母微薄的孝心。希望父母老来安康,生活幸福美满。也希望卡萨帝能做出更多细节至上的好产品,帮助更多家庭过上更舒适幸福的生活。

(晒单故事作者:懂懂)

(头像为用户家人)

扫二维码,
看晒单故事原文

原创高端科技

卡萨帝煮的米，
让袁隆平忍不住带头吃！

2016年12月20日，第一届国际海水稻学术研讨会在海南召开。茶歇时，招待专家们的不是咖啡、甜点，而是用卡萨帝IH（电磁加热）电压力煲煮出的一锅米饭。现场，担任大会主席的袁隆平带头招呼大家品尝。

研讨会上，出席的都是水稻研究领域的权威专家，除探讨产量和种植技术外，稻米烹饪后的营养与口感也是大家关心的课题。茶歇也变成"品米饭研讨会"。

"来来，大家尝一尝。"袁隆平带头招呼专家和媒体记者们一起来品尝。品尝了卡萨帝做出来的白米饭后，国内及来自越南、埃及等国家的专家们纷纷点头称赞。

然后袁隆平还邀请了餐厅主厨尝试口感。"这台电压力煲功能很全面，操作也很简单，煮出来的大米软糯香甜，米粒饱满，很不错。"主厨说。而煮出专家和主厨都认可的大米的卡萨帝IH电压力煲，也得到了袁隆平夫人的称赞。

会后，袁隆平还将卡萨帝电压力煲作为赠礼，赠与国际水稻所驻中国代表叶国友。

用卡萨帝电压力煲煮出的米饭究竟有什么不同？卡萨帝的生态醒米系统、宽面IH加热系统、2倍大气压等创新科技不仅保证了大米的营养及口感，更构建了完善的烹煮解决方案。

醒米回甘，锁住营养。在与水稻打了一辈子交道的袁隆平心中，卡萨帝电压力煲符合他对稻米品质的追求，值得他推荐及赠与友人。

摘自：690吧微信公众号

扫二维码，
看晒单故事原文

原创高端科技

国家一级演员也用卡萨帝

梁尚义曾这样评价卡萨帝："真正的高端品牌，服务的都是用户最实际的需求。"梁尚义，国家一级演员、著名相声表演艺术家。对艺术和生活一直秉承以严苛求完美的梁先生，对待生活中的日常用度，更是注重到点滴细节。梁先生冬练三九，夏练三伏，一言一语，历经千锤百炼，方得精品呈现于观众面前，而这也是卡萨帝的真实写照。

在南京冬天最冷的那段日子，室外温度低至零下7℃，梁先生家中客厅用的是一台普通的柜机空调，制热效果差，频繁的化霜导致室内温度始终很低。梁先生就和家人一起去到商场，准备换一台制热效果好的空调。

一进展区，梁先生就被卡萨帝云鼎柜机吸引住了。如梁先生所描述，云鼎外观的时尚感、科技感十足，单是立在那里，就比其他的空调多出一份气势。经过导购的一番介绍后，梁先生和家人对卡萨帝品牌以及云鼎空调功能有了更全面的了解。卡萨帝云鼎在调节室温的同时，又能改善家里面的空气质量，这一点切实打动了梁先生和家人。结合对卡萨帝十多年技术传承以及专业售后服务的现场了解，梁先生当即就定下一台卡萨帝云鼎空调。

以往入春之后，南京骤冷骤热的天气变化让梁先生一家人不敢经常开窗，因此家里空气质量不是很好。而梁先生又因为相声工作的特殊性，尤其注重对嗓子的保养，这就对家里的空气环境提出了极高的要求。

自从卡萨帝云鼎空调走进梁先生的家，它独有的温湿自控功能，将52%的黄金湿度和23℃的

原创高端科技

用户家中实景

黄金温度进行了完美的搭配融合,给梁先生一家带来了一个极致温润的暖冬。而且梁先生家里的空气质量也有了非常明显的改善,让他觉得每一天的呼吸都很舒服,另外云鼎空调的18分贝极致静音也让醉心相声艺术创作的他非常喜欢。梁先生说,他也没有想到,云鼎空调竟然成了他艺术创作的一份特殊助力。

梁先生说:"卡萨帝让我感到骄傲,它经得起全世界的推敲,也值得国内外用户信赖。"云鼎空调的出色,只是卡萨帝品牌对高品质追求的缩影。未来,卡萨帝会以更多的探索与创新,更高品质的服务,坚持为世界用户提供极致生活享受。

摘自:卡萨帝生活公众号

扫二维码,
看晒单故事原文

原创高端科技

首创固态制冷科技
打造刘嘉玲"私人酒柜"

2018年3月23日,卡萨帝大容量版固态制冷酒柜住进了一位卡萨帝明星体验官的家中。她,成熟而知性。电影里,她用纯熟的演技打动了无数人。现实中,她用爱和真情收获甜蜜人生。她就是刘嘉玲。

身为卡萨帝明星体验官,同时还拥有自创红酒品牌的刘嘉玲,生活中自然少不了红酒。刘嘉玲平时就非常喜欢小酌一杯,而且还有丰富的酒类收藏。对此刘嘉玲表示,葡萄酒的存放是很考究的,她时常为酒柜空间不够大、不能恒温储酒而困扰,卡萨帝固态制冷酒柜完美解决了这两个问题。

作为全球首款舍弃了传统压缩机的酒柜,卡萨帝最大程度地避免了噪音、振动以及周期性开停机造成的温度波动等问题,从根源入手,实现了零振动、零波动、零噪感。为刘嘉玲打造专属的"私人酒柜"!

卡萨帝首创固态制冷科技,研发出全球首款不使用压缩机制冷的酒柜产品,将高端生活品质理念和精致的生活态度传达给更多高端用户家庭,为品牌全球之路抒写新的篇章。

摘自:卡萨帝生活公众号

扫二维码,
看晒单故事原文

洗护的艺术

- 用户画像：兰州·张女士·大平层
- 产品方案：双子云裳洗衣机
- 品味生活：机器外观"高大上"，彰显贵族气质。

- 用户画像：上海·王先生·别墅
- 产品方案：2台卡萨帝纤诺洗衣机、1台卡萨帝纤诺干衣机
- 品味生活：夫妻衣服分开洗，贵重衣物用干衣机。

- 用户画像：杭州·钱女士·别墅
- 产品方案：双子云裳洗衣机、朗度728升法式冰箱
- 品味生活：洗衣机上筒、下筒分开洗，省时省力又快捷。

洗护的艺术

- 用户画像：南京·汪女士·别墅
- 产品方案：2台双子PLUS洗衣机、2套纤诺洗干组合、1台纤诺10千克洗衣机、2台520激光紫冰箱
- 品味生活：1台双子PLUS夫人专用，1台双子PLUS丈夫专用，1套纤诺洗干组合孩子专用，1套纤诺洗干组合洗大件专用。2台卡萨帝520冰箱可以分开存放生熟食材，以及虫草、燕窝等补品和茶叶。

- 用户画像：乐山·王女士·别墅
- 产品方案：2台双子云裳滚筒洗衣机、2台强力波波轮洗衣机
- 品味生活：1台双子洗宝宝衣服，1台双子洗大人衣服，1台强力波洗床上用品，1台强力波用于洗窗帘。

- 用户画像：沈阳·李女士·河景240平住宅
- 产品方案：1台双子云裳滚筒洗衣机、1台纤见洗衣机
- 生活方式：1台双子上筒宝宝用，下筒丈夫用。1台纤见夫人用。

第三篇 设计高端艺术

消费升级绝不止是功能的升级,更是需求层次的升级。

多年前,用户需求已呈现从产品功能向品味生活升级的暗涌。卡萨帝从建立伊始,就握准时代脉搏,敏锐洞察用户深层次需求,提前布局谋篇,把功能性与艺术性完美融合,使产品真正成为"家的艺术"。

汲取全球设计营养,纳百家之长,方能缔造完美产品。全球12个国家的14个设计中心,28个合作研发机构,300多位顶尖设计师团队用自己充满创造性的艺术设计语言,为卡萨帝产品勾勒唯美的轮廓、构建实用的内涵,创造出卡萨帝唯美的艺术家电。

iF大奖12项,红点设计大奖19项,IDEA大奖2项……如今,卡萨帝产品融入柴米油盐酱醋茶使生活溢香,卡萨帝设计化身琴棋书画诗酒花令品质添彩。

设计高端艺术

| 用户：蒋先生
| 地点：上海
| 产品：双子云裳滚筒洗衣机
　　　431升云珍意式冰箱
| 晒单时间：2016/12

不用看了，就是它了

买完回来老婆很开心，感觉像中奖了不要钱似的，难道这就是卡萨帝的魔力吗？

　　不管是冰箱，还是洗衣机，卡萨帝都是外形"高大上"，而且好用到没朋友！

　　这些年我们搬了三次家，每次都选择卡萨帝陪伴我们。然而最初的相识，却只是源于我那个"颜值控"老婆简单粗暴的"以貌取机"。

　　邂逅卡萨帝是在2010年。我和老婆正着手为我们的第一套房置办家电，兜兜转转看了很多品牌，看到卡萨帝时，第一眼就相中了它。虽然当时对这个品牌一点都不了解，但还是被它的颜值瞬间俘获。

　　我们选定了卡萨帝的冰箱和洗衣机。但不巧的是，两款机器都是新品，当时只有展示的样机，仓库里还没到货。我和老婆一合计，反正新家一时半会儿也没法入住，我们就等吧！

　　等待果然没有白费，用上卡萨帝之后，我们被它强大的功能深深折服。后来卖房子时，新买家也很喜欢这一套卡萨帝冰箱和洗衣机，刚好我们也很谈得来，就直接送给他们了。

　　第二次换房时，我们用的那台卡萨帝冰箱下家也很想要，跟我们沟通了很久，希望不要搬走。但因为我的丈母娘觉得好用，太喜欢了，所以坚决不同意，说要搬回老家。最后我实在不忍伤了丈母娘的心，花了大价钱找物流托运回绍兴老家。丈母娘很开心，简直是完美的结局！

　　这次因为有了二宝，我们换了个三居室的房子。2015年国庆节，我们的新房子还没到手，老婆就迫不及待地要去附近的电器城看家电。说是要看一下最新款式，量一下尺寸，好事先给装修设计师参考搭配。

　　其实去之前，我们心里已经"内定"了卡萨帝这个不二的选择，但既然去了，就还是把几个大的品牌都先看了一遍。转了一圈也没有看到让我们心动或眼前一亮的东西，心里反倒

设计高端艺术

用户家中实景

觉得很高兴，因为再一次肯定了我们最初心里的选择——卡萨帝。

看过这么多，我们心里有了比较，于是选择了当时卡萨帝最新款的气动悬浮无油动力冰箱，外观做工设计真的高端大气上档次！导购大姐也是我们的老相识了，十分了解我老婆"颜值控"的个性，又给我们推荐了双子云裳洗衣机，老婆看了当场就说："不用看了，就是它了！"

我在一旁提醒老婆说："我们房子还没拿到，今天只是来看看的啊！"可老婆此时话风已经变了，说冰箱洗衣机反正早晚要买的，买好拍个照片，再把尺寸告诉设计师，这样设计的时候也好留位置，风格配色也会更搭配。

老婆的意思我已经懂了，于是直接和导购大姐定了型号。老婆也迫不及待地去收银台刷了卡，我们就这样再一次被卡萨帝征服！买完回来老婆很开心，感觉像中奖了不要钱似的，难道这就是卡萨帝的魔力吗？

第一次购买是邂逅，因为颜值；第二次购买是折服，因为实用；第三次购买，卡萨帝已经是我们不二的选择，因为信赖它的品质，认可这个品牌。

忠诚，信念，跟随，相伴——这就是我心中对好品牌的理解，卡萨帝做到了！

（晒单故事作者：蒋先生）

（头像为用户家人）

扫二维码，
看晒单故事原文

设计高端艺术

| 用户：刘先生
| 地点：海南海口
| 产品：博芬变频酒柜
　　　　双子云裳滚筒洗衣机
　　　　621升朗度T型冰箱
　　　　445升云珍意式冰箱
| 晒单时间：2016/07

买个酒柜送客户

现在给客户挑礼物，最重要的就是要让客户一看就知道品质很好，很上档次。

第一次知道卡萨帝，是在一本杂志上，匆匆一瞥就被它惊艳的外形吸引了。真正接触到卡萨帝，则是在商场里，在家电区的众多洗衣机里它就如鹤立鸡群般璀璨夺目，只一眼，我就知道喜欢上它了。

在这个家用电器琳琅满目的时代，它的美已经可以用艺术品来形容了，在那一刻我不得不承认，卡萨帝的确当得起"艺术·家"这个头衔。

当然，对于家电买家来说，外观设计只能成为购买它的考虑因素之一，最起码对于我来说只有颜值肯定是不够的。既然是洗衣机，那它首要的应该是洗衣功能，比如洗衣干不干净？对于特殊面料的衣物有什么特殊洗涤方

设计高端艺术

式？占不占地方？省不省电？噪音大不大？

随着商场销售员的进一步介绍，卡萨帝双子云裳洗衣机的设计理念以及各项功能，越来越让我感觉到它能在国外获奖确实是实至名归啊！

创新性的"一机双筒"设计，可以单筒洗，也可以双筒同时洗，实现了同一时间洗两种衣服，解决了衣服混在一起的烦恼；上下筒可以做到零交叉用水，保证安全卫生；也可以用"智能水重用"的功能，达到节约用水的效果。

再就是静音技术。开始我还担心，双子洗衣机底盘这么高，稍微有震动和噪音是在所难免的，直到后来把它买回家，才真正见识到静音的强大。有时候妈妈还会突然问我，洗衣机开了吗？我告诉她开了，她才知道。因为卡萨帝安静到根本感受不到它在工作。

艺术无国界。新家装修被朋友称赞过，当然也有朋友吐槽说不好看，但是我买的卡萨帝双子云裳洗衣机却获得了大家一致好评，几乎每一个看到我家洗衣机的人都被它惊艳到了。我相信那一刻，我老婆心里肯定是美滋滋的，毕竟是她要求买的这款洗衣机，慧眼识珠的功劳是谁也无法抹杀的！

有了洗衣机的完美体验，让我对卡萨帝品牌有了信任。后来将家里的冰箱也换成了卡萨帝，温控精准，不像另一套房子里的旧冰箱，保鲜设定3℃，结果把菜都冻坏了，温控根本不准。现在用卡萨帝设定3℃，蔬菜保存完好。

再后来，为给一个大客户挑选礼物，我就干脆买了一台卡萨帝酒柜送给对方。外形大气美观，一看就很上档次。以前为客户挑选礼物，送过茶叶什么的。可是这些东西，明明自己花了大价钱，买了很好的，可能因为客户对茶不一定了解，乍看之下也不会觉得多么上档次。现在给客户挑礼物，最重要的就是要让客户一看就知道品质很好，很上档次。

（晒单故事作者：刘先生）

扫二维码，
看晒单故事原文

扫二维码，
看晒单故事原文

设计高端艺术

| 用户：雪莉妈妈
| 地点：安徽马鞍山
| 产品：631升朗度T型冰箱
　　　欧式云裳滚筒洗干一体机
| 晒单时间：2017/11

哆啦A梦的
神奇口袋

哈哈，因为一颗大葱，我真的爱上了卡萨帝。除味，原来真的可以做得这么好！

你的美，吸引了注重颜值且挑剔的我。近两个月的研究、比较，始终在卡萨帝和某德国品牌中徘徊。朋友圈求助，网上爬楼翻帖，最终还是被卡萨帝的高颜值俘虏。

我在乎的是颜值，喜欢金属拉丝，却不喜欢金属的手感。而你美得恰到好处，将两者结合得天衣无缝，恰恰入我心怀！老公在乎性能，保鲜技术，磁悬浮动力，超大的储存空间，合理、人性化的储藏分区，密封仓刚好可以给宝宝存放母乳，功能强大没毛病。身边的朋友们有不少选择的都是德国品牌，选择卡萨帝，我们夫妻俩可以说是首例。事实证明，越用越喜欢。

清晨，伴随着阳台上透过的晨光和远处的鸟鸣，打开我高颜值的卡萨帝冰箱，取出新鲜的鸡蛋搭配绿叶蔬菜，热上一杯温热的鲜奶，开启一天的生活。一天的心情，被这样美好的早餐所感染。

生活，一直都该如此，只是忙碌让我们忘记了生活。卡萨帝强大的保鲜性能让我不用再顶着一头蓬松而杂乱的头发，一早挤进充斥着怪味的菜场，这些时间被我节约下来，变成餐桌上的浅谈。一边聊天，一边吃早餐，曾经这一切是多么奢侈！而现在它是多么的容易实现。

说一说大葱与它的故事吧。有一次我为了做剁椒鱼头，特意买了一根传说中"一口饼一口葱"里的主角——大葱。我习惯性地把它留在了厨房的操作台上。下班回家，满满的大葱味扑入我的鼻腔，涌进我的血液，随着胃的翻腾，让我不自主地捂住鼻子。

112

设计高端艺术

用户家中实景

唯一的处理方式只能是通风，可机智的老公提议把大葱放到冰箱。不情愿的我拿来保鲜袋，想把它装进袋中。结果老公居然把保鲜袋去了。天呐！你想干嘛？好吧，随你吧，谁让我爱你呢？你说不用密封就不用密封吧。

第二日的早晨，打开冰箱，悠闲地制作早餐、午餐。一时间我居然忘记了冰箱里的大葱，因为没有闻到它的味道。哈哈，因为一颗大葱，我真的爱上了卡萨帝。除味，原来真的可以做得这么好！我总说它是哆啦A梦的神奇口袋，能让食物脱离时间的束缚，开启一段穿越之旅。魔法般的去味，净化着整个冰箱。

这个冰箱，我喜欢。这个品牌，我信赖！

我家还有一个美丽的"田螺姑娘"，那就是卡萨帝的洗衣机。我每天至少使用两次洗衣机，宝宝的衣服可以用烫烫净，再也不用我烧水自己烫了。现在我家的衣服90%都是烘干的，阳台没有了挂着的各种衣服，显得格外宽敞明亮，家里也显得整齐清爽。

自从洗衣机和冰箱进了家门，我的生活变得越来越美好。做家务，居然也可以这么愉快。

（晒单故事作者：雪莉妈妈）

扫二维码，
看晒单故事原文

设计高端艺术

- 用户:冯女士
- 地点:北京
- 产品:435升云珍多门冰箱
- 晒单时间:2018/02

设计师真了不起

使用冰箱几个月后,事实证明,与它相遇,是我之幸!选择了它,拥有了它,使我的生活更加丰富多彩,美好快乐!

与卡萨帝相识,是我今生之幸,拥有了她,让我的生活越来越美好。

一次次的搬家,用了好几个冰箱,真为除霜、除冰和异味头疼。所以在这次搬家时,特想买一款无异味、不需要除冰的冰箱。终于在二月的一天,遇到了卡萨帝冰箱。

当打开冰箱样机的门时,冰箱里清新无异味的感觉一下吸引了我,再听销售人员介绍这款冰箱的冷藏室功能,干湿两用分区,零度冷藏功能……都十分打动我。在众多品牌、众多款式的冰箱中,终于找到了一款没有一点点异味的冰箱,这不就是自己一直梦寐以求的冰箱么!

再端详它的外观,流行的香槟金色美观大气;再看冰箱的高度尺寸,天衣无缝,正好能放进厨房我事先准备的空间里。心中无限欣喜,好像这款冰箱是专为我家设计而生的呢,太合适了!

我的厨房收储东西空间有限,所以我就特别希望能买一款大容量的冰箱。这款冰箱储藏空间特别大,正好和我家厨房空间不足形成互补,可以放厨房台面放不下的食物,真是太理想了。所以我毫不犹豫地选择了这款冰箱。

这款冰箱太物有所值了,它的大容量充分满足了我储藏食物的需要,我把所有的食材都放进冰箱了,还是放不满。它比几个厨柜放的东西还多。说它是"杂货铺",但它里面一点也不乱,冷藏冷冻分隔空间极为合理,放再多的东西也不会乱,非常整洁有序。

使用冰箱几个月后,事实证明,与它相遇,是我之幸!选择了它,拥有了它,使我的生活更加丰富多彩,美好快乐!

购买到卡萨帝这款冰箱使我如获至宝,令我的美好生活变得更加丰富多彩和舒心惬意。每天无数次地打开它,我感觉到那么惬意和舒

设计高端艺术

畅。打开冰箱门的一刹那，渐变的灯光由暗到亮，给我似梦似幻的感觉；伸手取东西扑面而来的是清新的味道，虽然冰箱冷藏室塞满了东西但却没有一点所放食物的杂味，食物都是冷冷的干爽；里面的蒜薹、莲菜、菠菜等等众多蔬菜，虽放了一星期之久，仍然如初放冰箱时一样，让我觉得太省心省力了。所以，我一星期只买一次菜，一点不用担心新鲜绿叶菜放枯干了。

水果更是保鲜得好，冰箱里放满了苹果、梨和橙子，没有串味的现象，而且保鲜效果还很好。最喜欢的就是这个不串味功能，我不知道如何来形容，我也不知道它的原理，但确实感觉这款冰箱太好了。

这次和卡萨帝冰箱的相遇，还把以前我担心冰箱需要除霜、除冰、除异味的这些疑虑全消除了，这怎能不让我欣喜若狂呢！用上这款冰箱心中真是满满的幸福感，卡萨帝冰箱解除了我的后顾之忧，使我的生活更方便更美好。

到了易忘事的年岁，开冰箱取东西常常忘记把冰箱门关紧。而一出现这种情况时，它就会发出悦耳如诗的声音告诉我没关好门。每当此时，我都想说一声谢谢，设计师真了不起，这种人性化设计理念太贴心了，对于我这个易忘事的人来说太有用了。我从心里无限地感谢这种设计，也就更加珍惜喜爱这款冰箱了。

(晒单故事作者：冯女士)

扫二维码，
看晒单故事原文

设计高端艺术

| 用户：曹小聪
| 地点：陕西西安
| 产品：621升朗度T型冰箱
| 晒单时间：2018/01

挑剔的姥姥
也选卡萨帝

现在我们全家人都爱上了卡萨帝，想着以后换家电都要买卡萨帝。

今年冬天，姥姥家的冰箱又坏了，这已经是第三次坏了。我们本打算等姥姥搬新家，连带着家电给姥姥一起全部换新，可是这次冰箱坏得非常突然，又临近新年，姥姥怕到时候年货无法存放，所以必须去买冰箱了。

当天下大雪，但母亲知道姥姥家的冰箱坏了，二话不说请假陪姥姥去了最近的家电卖场。姥姥喜欢大牌子的东西，她总觉得大牌子信得过，质量有保证。于是母亲就陪姥姥在卖场里面转，在经过卡萨帝展柜时，姥姥被一台多开门冰箱吸引了。

姥姥赶紧拉着母亲走进了店里，仔细端详起这台冰箱，这台是店里最贵的冰箱。在销售人员的讲解下，母亲和姥姥了解到这冰箱是卡萨帝的，是国际高端品牌。又听销售人员讲解了这款冰箱的各种性能和优点，

以及冰箱超大的存放空间。还有最重要的一点，也是意外惊喜的一点，就是这款冰箱的外观一点也不会因为存储空间大而看着笨重呆板，反而特别奢华。香槟色的外壳，加上电子显示屏，真是时尚与高科技并存啊，一看就是高端大气上档次！

可以说，这台冰箱非常满足姥姥的审美。姥姥是一个"颜控"，买任何东西都要看看这件东西的外观。如果一件东西性能再好、再高端大气、用着再方便，但是外观不足或者让人看着不是很舒服的话，姥姥也不会买。另外多说一句，我姥姥可是一位非常挑剔的老太太，非常注重生活品质。

姥姥当时内心就决定要买这款冰箱了，再也移不开步子去看其他家电品牌了。再者，我姥姥是一个很有主见的老太太，只要她看中

设计高端艺术

的东西或者做出的决定，没有人能动摇她的想法。她总是告诉我，买东西的时候不要贪图便宜，因为"贪小便宜吃大亏""一分价钱一分货"。所以，姥姥的这些购物观念也深深地影响了我。

最终，老妈看到姥姥这么喜欢这款冰箱，又是那么坚定地想要，二话没说就买下来了。

使用了一段时间后，姥姥告诉我冰箱的保鲜功能特别好用，特别棒。最近雾霾严重，再加上下大雪，妈妈不让她总往外跑，所以她一周都没有下楼去买菜。如果是以前的那台冰箱，蔬菜放几天肯定不新鲜了，会失去应有的饱满和水分。而这款冰箱却令人刮目相看，她说她三天前买的西蓝花，三天后再取出来看看，一点都没有发黄，没有蔫坏失水。还有馒头啊水果之类的东西，也保鲜得非常好。

现在我们全家人都爱上了卡萨帝，想着以后换家电都要买卡萨帝。尤其是姥姥，只要她用着好用，用着开心，我们也就放心啦。

（晒单故事作者：曹小聪）

扫二维码，
看晒单故事原文

设计高端艺术

- 用户：媛媛
- 地点：山东淄博
- 产品：欧式云裳滚筒洗衣机
- 晒单时间：2018/03

你让我的生活
春风扑面

我觉得，这根本不是一件工业品，而是一件艺术品。

二月草长，三月莺飞，淄博的天空从没有像现在这么湛蓝过。但是，面对这明媚的春光，我却无心欣赏。这几天来，我一直匆匆地奔走在各大商场之间。

我需要一台洗衣机，这是第二个宝宝降生带来的"烦恼"之一。突然增加的洗涤量让家中那台旧洗衣机不堪重负，刺耳的噪音仿佛粘在了我的耳朵上，一直挥之不去。

"亲爱的，你看那件衣服怎么样？"去购买洗衣机的途中，贴心的老公早就注意到了我烦闷的心情，总是在寻找一切机会讨好我。我走过去端详了起来，这是一件丝绸旗袍，据说旗袍是最适合东方女性的服装。轻轻抚上去，衣料如婴儿皮肤般顺滑，手工刺绣的牡丹也栩栩如生，我心动了。拿起旗袍，我走到穿衣镜前，又仔细地端详了一番：产后身材还没有完全恢复，稍显臃肿，这让我有些犹豫。

"小姐，太瘦的人穿旗袍不好看，就是像您这样稍显丰腴，才能穿出旗袍的独特韵味。"售货员似乎看出了我的想法，适时地解释道，这让我更加动心了。但是思忖良久，我还是放弃了："丝质的衣服太不好打理了，就怕洗一次后就不行了。还是算了吧。"再三地拒绝了老公的坚持和售货员的殷勤劝说，我直奔电器区而去，毕竟这才是我此行的主要目的。

刚一走进电器区，我的目光就被一台奇特的洗衣机吸引住了。它精致的外壳如钻石般精雕细琢，手指拂过，冰冷的触感光滑细腻，香槟金色更是显得高贵典雅。我觉得，这根本不是一件工业品，而是一件艺术品。

这时，销售人员注意到了我对这台洗衣机的兴趣，微笑着过来打招呼："小姐，您好，欢迎光临卡萨帝。""卡萨帝是进口的品牌吗？"带着疑问我再次细细看了一下，做工的

设计高端艺术

确像是很精致的样子。

在销售人员的介绍下,我了解到这台洗衣机是卡萨帝云裳系列,采用的是斐雪派克电机,奢侈品级别的,动力澎湃而且低噪音。七寸超大触控屏,操作简单方便,还可以无线网络智能控制。而且洗涤模式是从24万种模式中组合出来的12种洗护程序,不管是羊毛,丝绸,还是娇贵的蕾丝都可以轻松洗涤。

太棒了!其实早在销售人员说到低噪音的时候,我就已经心动了,谁知道还有更多的惊喜呢。"老公,咱们就要这一台吧。"我兴奋地说道,可是老公却低头在包中翻着什么,并没有回应。"老公!"我加重了语气。"老婆,别生气。云想衣裳花想容,我看你的样子就知道你想要它了,我这不是在找银行卡么。"听老公这样一说,我也开心地笑了起来。

"嘿,老婆,醒醒了,衣服已经洗完了!"一只大手将我从睡梦中拍醒,我刚要发作,老公委屈地用手一指已经停止工作的洗衣机。我突然回过神来,神游万里的意识也回到了我的体内,没想到洗着衣服竟然睡着了。我满怀惊喜地望着面前这台刚到我家不久的"云裳",撒娇道:"老公!""知道了,现在就去买旗袍!"

自从有了卡萨帝,我的生活每天犹如春风扑面般舒适,真是太棒了!

(晒单故事作者:媛媛)

扫二维码,
看晒单故事原文

设计高端艺术

| 用户：王鹤林
| 地点：内蒙古赤峰
| 产品：622升朗度双开门冰箱
| 晒单时间：2017/09

冰箱里放下了
一只羊

这简直太符合我的要求了，太完美了，感觉就是为我量身定做的一样。冰箱就买卡萨帝了！

2017年9月，新房完成了装修。家具都买完了，就差冰箱了。一直犹豫不知买什么样的冰箱，也去过好多品牌的展销会，都没有太合适的，感觉有些失落……

后来去草原玩，途中朋友给我打来电话，还以为有什么事情，结果他居然叫我帮他捎回来一只羊，而且还要整只的。我觉得特别奇怪，这么热的天，整只羊你要怎么放啊，一顿又吃不完。但是朋友开了口，又不好不买，就找到当地的牧民说明了情况，拜托他帮我杀了一只，在冰柜里暂时冷冻着。晚上走的时候，牧民朋友又用保温泡沫帮我把羊装好。回去的路上我还在暗自琢磨，他要干什么啊，这么大一只羊要怎么放，他家又没有冰柜。一路想着很快就要到家了，我怕羊化了，连自家门都没进，赶紧先把羊给他送去。

去的路上我先给他打了个电话，到了一看，这个家伙早早地就在楼下等着我了，他看见我时特兴奋，连说真是帮了他大忙了。我帮

设计高端艺术

他把羊抬到了楼上,一看他家里人都吃过了晚饭在看电视,也不像马上就吃的样子啊。我终于憋不住问他:"你这是要做什么啊?"他告诉我,明天要烤全羊。我一听就急了,说这羊放一晚上不坏了才怪!

谁知道他嘿嘿一笑,说放冰箱里。这下子可把我乐坏了,谁家的冰箱能放下一只羊啊。他说:"我家的能啊。"说着把冰箱打开,把冷冻层里的隔板都拿了下来,把羊打开包装,直接就塞进里面去了。当时我真的惊呆了,真没想到,就这么放进去了,这功能也太强大了吧!再想想我家的冰箱,把羊剁了塞进去都困难,更别说整只往里塞了!

于是,我带着好奇的心态问朋友这是什么牌子的冰箱。朋友便开始给我介绍起了这台冰箱:它可是国际高端品牌,叫卡萨帝。外观美观大方,材质是金属拉丝的,功能就更不用说了,还有保鲜层,而且设计了干湿分离功能区,花椒、大料、干蘑菇放进去都不带返潮

的。并且水果或者带叶的蔬菜放进去,七八天都不会坏。不仅如此,它还不会结霜,噪音也很小,还省电!

听了朋友的讲述,我内心一阵激动。天哪!这简直太符合我的要求了,太完美了,感觉就是为我量身定做的一样。冰箱就买卡萨帝了!

回家之后,我又在网上查询了一下卡萨帝,还特意找了几个大品牌和它对比了一下,可选来选去还是卡萨帝的这款最合我的心意!

我想着,买完冰箱的头一件事就是买只羊放在里面,感觉爽爽的!等我买了羊,都来我家吃烤全羊啊!

(晒单故事作者:王鹤林)

扫二维码,
看晒单故事原文

设计高端艺术

- 用户：酷寺鸯奇
- 地点：北京
- 产品：至享单门冰吧、435升云珍多门冰箱
- 晒单时间：2017/05

从"小资女"到好妈妈的华丽转身

卡萨帝让我第一次真实地感受到了物联网的存在，心情更加明朗，美美的！

我印象中的冰吧，大多都是超市或便利店里的那种展示柜，或者是饭馆里、餐厅里不知名的饮料柜。所以我从没有关注过，也没有过购买的想法。可直到有一次去朋友家，发现他的小红酒柜挺不错的，加上自己经常喝红酒，购入的红酒有时候会因为存放不当失掉原有的味道，于是也动了买一个酒柜的念头。

回家之后就开始了网购之路，各大电商平台上的酒柜真是五花八门、良莠不齐。一番搜索之后，还是决定放弃网购，开车直奔电器城。

在那里，我遇见了卡萨帝。我赫然发现酒柜的旁边还放着冰吧，它有不同的分区，不仅能放红酒，还能放茶叶，如果购入这款，我的茶叶也有地方保存了。咨询之后，当时就决定要入手一台冰吧。220升这款至享单门冰吧，是当时店里最大容量的，我毫不犹豫地就下了单。

第二天，冰吧就送到了。我挑选了自己喜欢的红酒和茶叶放了进去，试用之后发现两个独立的分区真是好，能各自保持不同的温度与湿度，真是太棒了。欢喜之余我发现这款机器竟然能联网！这个功能太贴心、太"高大上"了，卡萨帝让我第一次真实地感受到了物联网的存在，心情更加明朗，美美的！

不过我的茶叶和红酒放进冰吧之后，就真的是放了进去再也没有拿出来过。因为我怀二宝了，暂时不适合饮用红酒和茶。但是有了冰吧，我完全不用担心我的红酒变味、茶叶变干了，因为它们都会老老实实地在冰吧里面等着我。

时间过得飞快。夏天，我的宝宝出生了，喂奶带娃占据了我的生活，储存下来的母乳越来越多。生大宝的时候，我没有尝试过保存母乳，因为担心母乳即使放到冰箱里一段时间之后也会被污染，费了那么多功夫，到最后还是要倒掉。

可是这次有了二宝，我决定储存母乳了。因为我的冰吧最上层有一个小小的冷冻室，虽然小，但是储存母乳绝对够用了。而且买来之后，

设计高端艺术

这个冷冻室只是冻过冰块,存过冰激凌,没有放过生鲜肉类,作为冰吧里独立的一个分区,储存母乳完全可以放心,不用担心被污染。很快,这个小小的分区就储满了母乳。当我外出不在家时,二宝也不会饿肚子,而我也特别放心,不用担心母乳变质的问题了。

后来,家里工作了十几年的冰箱开始频频出现各种状况,冷藏效果变得很差。什么都能将就,冰箱坏了可是真不能将就,这关乎入口食物的安全。因为之前卡萨帝的冰吧用着很好,于是买冰箱我也直奔卡萨帝专柜。

听导购员介绍之后,我果断买了这款云珍变频冰箱,干湿分储、双重净化、弧度面板,功能没得说,最打动我的要数那两个大抽屉里的饺子盘。理由非常简单,食物是做给家人吃的,而儿子最爱吃的就是我做的手工饺子。

冰箱购入至今,我已经不知道包了多少次饺子,每次饺子快吃完了就马上准备下一批饺子,馅料、口味,花样翻新地给儿子准备,这样即使再忙也能保证儿子回家至少有饺子吃。虽然工作很忙碌,却根本难不倒我,因为只要打开我的卡萨帝冰箱,就会看见一托盘的手工饺子,已经整整齐齐地摆放着,只等晚上儿子放学回来全家一起分享。一家人围在一起吃饺子,吃完再一人来碗饺子汤,那才是幸福!

(晒单故事作者:酷寺驽奇)

扫二维码,
看晒单故事原文

设计高端艺术

- 用户：玉米
- 地点：河北保定
- 产品：欧式云裳滚筒洗衣机
- 晒单时间：2016/03

从此孩子洗衣服

卡萨帝洗衣机来到我家以后，让我有更多的时间干我想干的事，也让孩子更愿意参与到家务劳动中来。而这些改变，已经远远超出了洗衣机本身的意义。

2016年，新家完成装修，要开始置办家电了。谁曾想去家电卖场采购的时候，竟一眼就被卡萨帝一款高端大气上档次的洗衣机吸引了。再一看价格，虽然比别的品牌贵点，但我始终相信一分钱一分货，因此并未过多犹豫就决定购买卡萨帝。

但购买时，我们家却在买什么型号上纠结了半天，是买7.5千克的呢，还是买8.5千克的呢？我们讨论了半天也没有结论。幸好销售人员很贴心，她耐心地询问了我们的家庭情况。当听说我们家人口较多时，她建议我们最好还是购买8.5千克的型号，这样可以方便地清洗多件床单、被罩等大件衣物，逢年过节还可以方便清洗大件窗帘等。我们听了都觉得非常有道理，特别是我更加赞同，因为以前像这些大件东西都要分好几批洗涤，很麻烦。于是我们愉快地搬了一台8.5千克的卡萨帝回了家。

说起这款洗衣机，最吸引我的是它的面板操作功能，简直太人性化了！触摸屏和手机一样，连孩子都能自己看明白操作过程，甚至孩子比我还明白。

自从有了卡萨帝洗衣机，洗衣服变得很有意思，每次选择衣物类型的时候都是孩子最兴奋的时候。只要他见我抱着一堆衣物进了卫生间，就跑进来说："妈妈，请让我来帮你操作吧！"开始我怕他弄坏了机器，不太同意交给他操作，但他恳求我让他试一次，并说我可以监督，我只好同意。没想到他轻车熟路地帮我设置好了。我在惊讶之余，也感叹卡萨帝洗衣机的便捷易懂，不但让孩子爱上干家务，而且把我从洗衣服的工作中解放出来了。我决定以后把洗衣服的工作交给孩子来做，也当作对他的日常锻炼，培养他的家庭责任感和使命感。

有一次，家里换洗床单，我把旧床单放到洗衣机旁，对孩子说："你来负责把床单洗

设计高端艺术

了,妈妈忙着做饭呢,行吗?"孩子拍着胸脯说:"妈妈,你放心吧,这个卡萨帝很容易用,我早就会了!"于是我就去厨房做饭了,过了一会儿,孩子跑来对我说:"妈妈,任务完成了。"我高兴地说:"太好了!你帮了妈妈的忙,妈妈觉得轻松多了!"

自从卡萨帝洗衣机来到我家以后,让我有更多的时间干我想干的事,也让孩子更愿意参与到家务劳动中来。而这些改变,已经远远超出了洗衣机本身的意义。

我很感谢卡萨帝,希望卡萨帝在以后的日子里,继续陪伴我们走下去,也希望卡萨帝的新产品越来越受到消费者的喜爱,设计理念越来越先进,操作越来越简便,洗衣服越来越干净。

(晒单故事作者:玉米)

(头像为用户家人)

扫二维码,
看晒单故事原文

设计高端艺术

- 用户：贺女士
- 地点：河北唐山
- 产品：卡萨帝云鼎空调—臻享版（挂机）
  云裳洗干一体滚筒洗衣机
- 晒单时间：2017/06

像一件美丽的装饰品

这款卡萨帝空调吹出来的风非常柔和，像自然风一样，我亲身体验之后觉得非常满足我的需求！

　　新房装修结束后，要开始买家电了，这对我来说真是个大难题。对于家电，我可以说是个"小白"，从没有仔细研究过。想到五一劳动节，商场可能会做活动，我和老公便在那天去商场随便逛了逛，谁曾想这一逛，竟成就了我跟卡萨帝空调的美丽相遇。

　　到了商场后，我们一家一家连续看了好多空调，不是外观不满意，就是功能没达到我的要求。直到我们走到了海尔卡萨帝的展厅，我一下就被一款空调挂机吸引住了。

　　香槟色的外观让我眼前一亮，这颜色跟我家的壁纸和插座颜色非常搭配。整个空调的线条也很流畅，四角圆润，没有很尖锐的棱角，外观深得我心。这时，卡萨帝的销售人员也来到我们身边，为我们介绍了这款挂机的功能。原来，它不仅有普通空调的制冷功效，还可以自动检测去除空气中的PM2.5，同时还能杀菌。此外，这款空调还有自清洁功能，不用担心因使用过频需要反复清洗的问题。

　　其实，最让我满意的一点是，我是一名准妈妈，自身怀孕的原因导致我非常怕热。但普通空调吹出来的风会让我感到非常不适，长时间处于空调风下会有肚子痛的感觉，需要开一会儿再关一会儿才行，非常麻烦。这款卡萨帝空调吹出来的风非常柔和，像自然风一样，我亲身体验之后觉得非常满足我的需求！

　　这款空调买回家后，安装在了主卧。每每看到它的时候，总觉得这不是一个空调，更像是一件美丽的装饰品，让家里显得非常温馨且有品位。有时同事来家里做客，看到这款空调也都赞不绝口，这让我心里觉得非常骄傲。不谦虚地说，这说明我的品位还是蛮高的嘛！

　　有了购买卡萨帝空调的经历之后，我对卡萨帝有了更进一步的了解，内心更是十分认

设计高端艺术

可。所以在后面的家电采购中，我又购入了一台卡萨帝洗衣机。使用之后，果然不负所望，不愧是卡萨帝，感觉棒棒哒！

我买的这款卡萨帝洗衣机是触屏电脑控制，衣物无缠绕，洗涤均匀，磨损小，所以就连羊绒、羊毛、真丝衣物也能在机内洗涤，达到真正的全面洗涤。也可以利用加热激活洗衣粉中的活性酶，充分发挥出洗衣粉的去污效能。由于用水量较小，可以在桶内形成高浓度洗衣液，在节水的情况下带来理想的洗衣效果。

老公由于工作的原因经常出去应酬，有时候刚换上的衣服，下班回来就充斥着烟酒味儿，让人很是烦躁。自从有了卡萨帝洗衣机，这个烦恼迎刃而解：神奇的空气洗解决了一切！

自从有了卡萨帝的陪伴，我的生活变得更美丽了！

（晒单故事作者：贺女士）

扫二维码，
看晒单故事原文

扫二维码，
看晒单故事原文

设计高端艺术

| 用户：张先生
| 地点：石家庄
| 产品：双子云裳滚筒洗衣机
| 晒单时间：2017/12

看见你就是你别怀疑

我妈有一回给家里亲戚显摆，拿着电话靠近洗衣机："你能听见我家洗衣机正在甩干衣物的声音吗？对，就是这么点儿声。"

前些日子和老婆去买家电，本想买个豆浆机的，可走到卡萨帝专柜前就走不动了。她与众不同的外表和超实用的内在立刻吸引了我。有首陈明的歌叫《我要找到你》，其中的一句歌词就是答案：我要找到你，不管南北东西，直觉会给我指引；若是爱上你别问什么原因，看见你就是你别怀疑。

此刻应该有掌声！

我们是一个五口之家，孩子刚一岁，平时洗洗涮涮多是我妈和我媳妇。老人节俭了一辈子，在洗衣服这个事情上总和我媳妇有些摩擦，那就是能手洗绝不用机洗，能机洗的也尽量用手洗。

唉，这些你们都懂得！

可我是谁也不能得罪，既要照顾老太太又得哄好媳妇儿！想到这些，我没有丝毫犹豫就把卡萨帝接到了家里。它的出现改变了我们全家对洗衣机的观念，原来可以这样轻松智能：双桶分工明确，可以同时使用且容量也够大，的确是比之前的洗衣机洗出来的效果明显多了。更精妙之处是超静音，我妈有一回给家里亲戚显摆，拿着电话靠近洗衣机："你能听见我家洗衣机正在甩干衣物的声音吗？对，就是这么点儿声。"那劲头，享受感十足！

简单易懂的操作连老人都可以很快上手，以

128

设计高端艺术

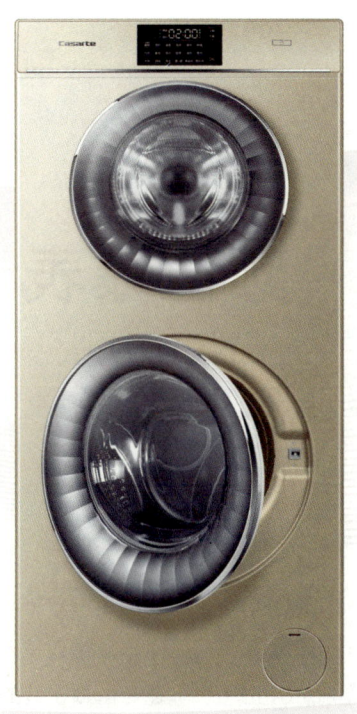

前的洗衣机都快成古董了。你说老人不会心疼用电用水吗?肯定会,其实原因只有一个,卡萨帝省电省水,衣服洗得干净,再加上无噪音,这才体会到了享受生活的乐趣。一级能源节电和节水标识放到卡萨帝这个品牌上我们信得过。因为这个品牌的东西我们实际用过了,确实有这个品质和能力。

选择卡萨帝洗衣机,让我有机会成为了卡萨帝会员,我非常荣幸,这是我家里所有家用电器品牌里第一个会员身份。

通过使用洗衣机,我慢慢了解了卡萨帝品牌。登录卡萨帝官网,每一款产品都能颠覆传统观念,都能带给你意想不到的惊喜!卡萨帝用自身的品质诠释着什么叫作物有所值。

当下是一个消费升级的时代,我们正在有意无意地改变着消费观念。品牌化和品牌的忠诚度更是日渐崛起,一个好的品牌带给我们的不仅仅是享受,更是依赖。

(晒单故事作者:张先生)

扫二维码,
看晒单故事原文

设计高端艺术

- 用户：张女士
- 地点：重庆
- 产品：双子云裳滚筒洗衣机
    360升云珍意式冰箱
- 晒单时间：2017/10

颜值爆表卡萨帝

上筒洗宝宝的衣服，用得最多，下筒洗大人的衣服和床单被套等，简直爱到不行！

新房购置家电，去各大商场选购。重庆的天气以阴雨天为主，因为家里有小宝宝，就想选一款带烘干功能的洗衣机，首选当然是海尔。正巧赶上国庆休假，我便马上赶到卖场，选定了一款海尔8千克带烘干功能的洗衣机。

销售人员开单之际，我闲来无事又抱着宝宝在卖场闲逛了一下，不经意间，看到了一款与众不同的洗衣机，两个筒的！我马上问销售人员为什么这款洗衣机有两个筒？对方告诉我说这是双筒洗衣机，上筒洗4千克，下筒洗8千克，两筒可以分开洗涤。家里有小宝宝的都知道，小朋友的衣服小，但是换得快，天天都要洗。看到这款洗衣机我就像看到了"救星"一样，终于能够解放双手，不用每天手洗宝宝衣服，再湿答答地挂上了！果断入手卡萨帝！

安装好后，基本上每天都要用。上筒洗宝宝的衣服，用得最多，下筒洗大人的衣服和床单被套等，简直爱到不行！因为我一直患有腱鞘炎，宝宝的衣服洗得又勤，以前冬天洗衣服的时候，手腕总是十分疼痛，苦不堪言。但自从有了卡萨帝双子云裳洗衣机，完美解决了我的问题，解放了我的双手，让冬天洗衣不再冰冷刺骨！

正因为选择了卡萨帝双子云裳洗衣机，让我内心对卡萨帝也建立起了好感和信任度，所以在为新家购买冰箱的时候，我也是毫不犹豫地选择了卡萨帝。

但说起买冰箱的过程，可谓是一波三折。

我当时敲定了一款颜值爆表的卡萨帝四门冰箱，可是等到了新房一量尺寸，傻眼了，冰箱位放不下！我们买的是精装房，所有大家电位置都是固定的，如果要改，就得把橱柜敲掉，那将是个大工程！跟销售人员说明情况后，我们在送货之前及时退掉了冰箱。但是对卡萨帝的喜爱实在让我无法释怀！

后来销售人员告诉我，卡萨帝还有一款三门冰箱，也是最新款，刚好能满足我的需求，只是刚刚卖完，暂时缺货，问我是否可以等几天。我

设计高端艺术

左右为难,一方面我是真的想买,而另一方面,我又急用冰箱。因为作为一个糖尿病患者来说,胰岛素是每天要注射的药物,而它的保存只能放在冰箱里,新房左邻右舍都还不熟,这是个大问题。但是我又极其喜爱这款冰箱,不止是因为它的色彩跟我的厨房主色调很搭,还因为它的保鲜功能比一般的冰箱更强大!

新房的交通不太方便,所以每次采购都要满足一个星期的使用,买一款保鲜功能强大的冰箱是必须的。而卡萨帝冰箱的红外线自动控温,对蔬菜的保鲜保水比别的冰箱更强。中间的独立空间是我最喜欢的,可以根据需要自由切换珍品、冷藏、冷冻等不同模式。下面的抽屉式设计对于小户型来说,更加节省空间。

当然最重要的,也是我特别想买的原因是,我在选购冰箱的时候,宝宝特别兴奋,满场跑,几乎把所有的样品机的冰箱门开了个遍!而这款冰箱门的吸力比一般的冰箱更大,对于两岁宝宝来说,拉开它还有些难度!这样宝宝就不能天天开关冰箱门玩了。犹豫再三,还是放不下对它的喜爱!

于是我硬着头皮去敲邻居家的门,看能不能把胰岛素暂时寄放几天。第一对老夫妻把头摇得像拨浪鼓一样,我只能继续等待出门的邻居,终于让我等到一个好心的小妹妹,同意我把药暂时寄放在她家几天!感激之情真是无法言表!

等了几天之后,终于盼到了冰箱的到来!果然没让我失望,无论颜值还是保鲜效果都是极为强大的!放在厨房,几乎听不到它启动的声音!

我不得不说,卡萨帝真是完美的艺术品!

(晒单故事作者:张女士)

扫二维码,
看晒单故事原文

设计高端艺术

- 用户：贾女士
- 地点：辽宁葫芦岛
- 产品：622升朗度双开门冰箱
  欧式云裳滚筒洗衣机
- 晒单时间：2017/08

少买衣服少买包，也要买卡萨帝

都说买东西要货比三家，但我可以以我的亲身经历告诉你，购买卡萨帝不用货比三家，不用踏破铁鞋，只去这一处就够了。

设计高端艺术

我家之前是在2001年装修的。现在十几年过去了,也是时候翻新一下了,尤其是厨房和卫生间已经不能再坚持了。以前忙着照顾孩子上学,现在儿子已经上大学了,我和老公有了比较多的空闲时间,于是决定重新装修。

装修过程漫长而琐碎,终于等到选择家电了。我和老公原本计划冰箱、洗衣机和空调都选择海尔的,因为知道海尔的品质值得信赖。

去选购时,销售员过来为我们推荐了卡萨帝系列。看到卡萨帝时,我惊呆了,尤其是冰箱,简直可以用惊艳来形容。高端大气的外观,人性化的内部设计一下征服了我,老公也赞不绝口。但老公说超预算了,我在冰箱面前驻足了很久,细细观察,每一个细节都能打动我。尤其是开门的设计,只要开90度就可以拉出内部的抽屉,非常实用,节省了很多空间。

我对老公说,我哪怕少买衣服、少买包,也要买这款冰箱。老公笑了,说至于吗?这么喜欢就买吧。我和老公就定下了这款冰箱,速度很快,有种一见钟情的感觉。

洗衣机也很快就确定了,也选择了卡萨帝。我们这次来商场,原本只是想先看看,下次来再定,可没想到这么快冰箱、洗衣机一下子就全定下来了。虽然这是我们在装修中买东西用时最短的一次,但买的东西却是最心仪的。

家里的装修终于全部完成,到了进家电的时候。打电话联系送家电的第二天,冰箱就来了。由于是老楼,楼梯比较窄,送货师傅想了很多办法,加上邻居们的帮助,终于将这台大冰箱顺利搬到屋里。

冰箱放在家里就更显档次了,身为"颜值控"的我,真是越看越喜欢。尤其是冰箱的开门方式,由于放在墙角,开门的角度很小,这个设计真的派上用场了。冰箱里储存空间分类很适合我们的习惯,生活便利了很多,真的是物超所值。我向同事推荐了我的冰箱和洗衣机后,她也很喜欢。

冰箱和洗衣机是我一见钟情的产物。都说买东西要货比三家,但我可以以我的亲身经历告诉你,购买卡萨帝不用货比三家,不用踏破铁鞋,只去这一处就够了。

卡萨帝,越看越喜欢,越用越喜欢,它让我的生活更有品质。感谢在购买卡萨帝时,老公对我的纵容,让我心里美美的,以后的生活会更加美美的!

(晒单故事作者:贾女士)

扫二维码,
看晒单故事原文

设计高端艺术

- 用户：喵小佳
- 地点：湖北省恩施土家族苗族自治州
- 产品：621升朗度T型冰箱
- 晒单时间：2017/04

简直就是
不会说话的机器人

自从有了卡萨帝冰箱，食材干湿分储，每种都能单独存放，绝不会串味，这点令我们全家都很满意！

2017年年初开始装修新房，每天穿梭于各大卖场和建材市场，作为新家的大件——冰箱，我认为一定要慎重选择。

在买家电之前，没接触过卡萨帝品牌，也比较迷茫。所以选择电器时我首先到几个刚搬新房的朋友家瞧了瞧，想参考一下别人家的选择，同时听下他们用过之后的优缺点。我发现他们都买的是德国品牌，加之我对德国电器也有好感，所以当时就想去商场直接购买德国品牌电器。

进了卖场，最开始是直奔德国品牌去的，但是考虑到分区设计，我又犹豫了。因为德国品牌的冰箱设计对我来说的确稍显古板，而我想要分区更好点的。了解了我的需求后，销售人员带我们来到了卡萨帝展厅。

一进展厅，我首先就被卡萨帝一款多开门冰箱大气的外观吸引了，四开门冰箱分区合理，621升大容量也深得我心。但是考虑到对这个品牌不熟悉，我在卡萨帝和德国品牌之间产生了纠结。回家之后，我开始在网上搜索卡萨帝和其他品牌的用户评价，惊奇地发现卡萨帝的评价都很好，口碑非常不错！疑虑打消之后，第二天我就把卡萨帝冰箱搬回了家。

其实挑选这款冰箱，主要考虑的是它的多元保鲜功能和多空间存放的设计，这样可以满足全家人对冰箱的需求。

设计高端艺术

我家老人喜欢煲汤，高档的干货比如枸杞、海参等，对保鲜的湿度有特殊要求。搬家前，老冰箱中放满了各种各样的塑料袋子，里面装的东西有的不透气渗水，有的出味，弄得冰箱像个杂货铺、剩菜盒。但自从有了卡萨帝冰箱，食材干湿分储，每种都能单独存放，绝不会串味，这点令我们全家人都很满意！

当时销售人员介绍这款冰箱时还告诉我，它采用了军用红外感应探头，可以瞬间扫描到食物的存入，0.1秒瞬时制冷，极大地拉长了食材的保鲜时间。这令我更觉得不可思议，简直就是不会说话的机器人呐！

夏天马上就要到了，连冰块都可以自己在家制作，不但制冰速度快，制出的冰还没有气泡颜值高，摘取红通通的樱桃配上晶莹剔透的冰块，将会是多么诗意的人生啊！

（晒单故事作者：喵小佳）

扫二维码，
看晒单故事原文

设计高端艺术

用户：毕女士
地点：北京
产品：卡萨帝云鼎空调—经典版（柜机）
　　　欧式云裳滚筒洗衣机
　　　435升云珍多门冰箱
晒单时间：2017/06

故友般的似曾相识

自从有了卡萨帝，我们之间总是有太多的故事需要讲述。这娓娓道来的讲述，是故友般的似曾相识，是恋人般的蓦然相遇。

在我看来，每次拖着疲惫的身体回到家里，能够泡上一杯咖啡，美美地躺在舒适的沙发上休憩，是一天中最惬意的事情。然而，替换下来堆积在洗衣篓的衣服却始终干扰我的美梦。它们是不动的存在，也是周期的轮换，让我头疼和苦闷。

对于生活在城市里繁忙的人来说，洗衣服一直都是困扰着我的一件极其麻烦的事情。不同的衣服要分别洗涤不说，还要担心轻薄的衣服有没有损伤，每次洗衣服都是如临深渊、如履薄冰。

自从遇见了卡萨帝，我的烦恼再也不存在了。它静音运行，从来没有嘈杂的声音。刚开始时，我还以为洗衣机没有开始工作，因为之前使用的洗衣机都有明显的机器运转声音。待我走近一看，原来它已经在工作中了，真是让人感叹。

它设计人性化。记得之前看过一个调查，说是目前市面上的洗衣机大多身高85厘米，对于平均身高在160厘米左右的女性来说，需蹲下取放衣服，昂起的颈部受力5千克，也就是说每次拿衣服相当于有一袋大米的重量压在脖子上，可谓"压力山大"。而卡萨帝的设计高度完全避开了这个缺陷，站立即可轻松拿取衣服，非常贴心，让人心里充满小小的感动。

它由微电脑控制，衣物无缠绕、洗涤均匀、磨损率极小，可洗涤羊绒、羊毛、真丝等衣物，没有一点点洗涤剂残留，洗得干净又不伤皮肤，洗完的衣服闻不到香精味，而且衣服还特别柔软，能做到全面洗涤，再也不用洗完之后二次辨识检查。它还可以加热，使洗衣粉充分溶解，充分发挥出洗衣粉的去污效能，在节水的情况下带来理想的洗衣效果。

除了洗衣、脱水的功能外，它还有消毒除

设计高端艺术

菌、烘干、上排水等功能，满足了我高端衣服的洗涤需求，节省了外出干洗的开支。

现在，我再也不用为洗衣服这样的小事而感到困惑。每天回到家里都可以静静地躺在沙发上喝茶或者看书，完全不用担心衣服的换洗。

家里还买了卡萨帝的435升云珍多门冰箱和云鼎空调。冰箱设计新颖前卫，时尚个性，满足了消费者追求生活品位的需求，而且容量很大，功能也很齐全；空调外观设计与众不同，它不同于市场上常见的圆柱空调，其外形既像大鼎又像法国的凯旋门，充满了设计感。空调上两个灵敏的智能感知传感器，就像是人的一双眼睛，能识别人的位置，还能识别人的数量，时时感知到人体所处的状态，做到风随人动。通过这样智能的感知，不仅能够最大程度减少电能的浪费，关键是能给人很舒适的享受。更妙的是，当房间无人时，无论制冷、制热，它都会进入省电运转，真

的好贴心。

不知道是我喜欢用自己的方式来诠释生活，还是生活喜欢用自己的方式让我来诠释。自从有了卡萨帝，我们之间总是有太多的故事需要讲述。这娓娓道来的讲述，是故友般的似曾相识，是恋人般的蓦然相遇。

就是这一次相遇，却望见彼此。

（晒单故事作者：毕女士）

扫二维码，
看晒单故事原文

设计高端艺术

| 用户：章先生
| 地点：江苏苏州
| 产品：卡萨帝云鼎空调—豪华版（挂机）
　　　621升朗度T型冰箱
| 晒单时间：2017/12

卡萨帝让我念念不忘

好吧，原谅我们一直在拿卡萨帝作比较，因为卡萨帝产品外观真的很出色，让我们念念不忘！

　　家里装修快要结束了，所以趁着双休日和女朋友出去逛逛，看看家电。偶然一次机会，我们去了家博会，第一次认识了卡萨帝这个牌子。

　　我们走进卡萨帝专柜，立刻喜欢上这个牌子的产品，外观特别靓丽，感觉档次很高。在服务人员介绍下，我们才知道原来卡萨帝是国际高端品牌。虽然我们又去了其他展柜，但由于心里念念不忘卡萨帝，自然对别的品牌也就不是特别感兴趣了。

　　正好我弟弟也准备为新房买家电。从家博会回去之后，我特意跟他说起卡萨帝，又约他一起出来看我之前看好的那款空调。看到的第一眼，他既喜欢又有点犹豫，外观和功能都很棒，可是超出了我们的预算。

　　既然出来了，弟弟也提议多看几个品牌，我就陪着他一起逛。到了另一个品牌的专柜，销售人员告诉我们他们有一款新品空调挂机，说它功能强大，性价比高于卡萨帝。此外，还自带空气清洁功能，这一点和我们了解的卡萨帝那款空调拥有同等功能。我们继续听他介绍，希望能听到这款空调有比卡萨帝更高端的功能。可听销售人员"忽悠"了半天，也没说出个所以然。

　　看到我们没有兴趣想走，销售人员有点急了，喊出了降价将近800元！你没听错，降了800元。她想利用低价来挽留我们。可是一下降了这800元，让我们该怎么能相信这个被她介绍了半天的牌子是高端的呢？

　　俗话说，只有错买的没有错卖的。一下子降800元，那个机器究竟值多少，我们心里也已经有底，这明显已经和卡萨帝不在一个档次了。

　　后来我们又逛了几个专柜，销售人员依然卖力地推荐。但说真的，那些产品的外观真没法和卡萨帝相比。还有个外国品牌销售员对我

设计高端艺术

们爱答不理的，好傲慢的态度。我们自己默默看了价格和产品的简介，感觉功能有点落后，准确地说是比较单一，某些方面要落后于卡萨帝。加上销售人员对我们的态度，我们直接转头就走。

好吧，原谅我们一直在拿卡萨帝作比较，因为卡萨帝产品外观真的很出色，让我们念念不忘！

就这样，我先下单了卡萨帝空调。弟弟见我下单付钱很爽快，他也很心动。我看出了他的心思，开始劝他少抽几包烟吧。他听我这么说，竟也立刻下单购入了一台卡萨帝。

哈哈，就这样，我们一人买了一台卡萨帝！

（晒单故事作者：章先生）

扫二维码，
看晒单故事原文

139

设计高端艺术

- 用户:沙先生
- 地点:贵州贵阳
- 产品:622升朗度双开门冰箱
  双子云裳滚筒洗衣机
- 晒单时间:2017/09

孩子用也放心的冰箱

我和我的家人都很喜欢这款冰箱,这称得上是我用过的最满意的产品,要是以后还有机会买冰箱的话,我一定会毫不犹豫地选择卡萨帝。

用户所用产品局部图

在选择冰箱的时候,我最在意的就是冰箱会不会有霜、有冰这些问题。虽然现在的冰箱都在介绍说自己是无霜无氟变频冰箱,但是我家的切身体会就是"说的比唱的还好听"。因为我家上一个买的冰箱是德国品牌。买的型号称是该品牌里面最高端的产品了,因此花了大价钱。可用了几年下来,我的体会就是这个冰箱远没有广告里说的那么好。

我和卡萨帝冰箱结缘还是表妹介绍的。当时表妹告诉我卡萨帝的产品都是按照欧盟国家

设计高端艺术

标准设计生产的,所以质量没的说,甚至比很多国外的高端品牌还要好。我买了这款冰箱使用了一段时间后,感觉比我使用过的那些德国品牌、日本品牌的冰箱还要让我满意。

原来用那款旧冰箱的时候,我女儿就不敢在没有大人陪伴时去冰箱里找东西。我记得当时那款旧冰箱广告里说,这款产品的设计是里里外外都看不到一颗螺丝,但是他们却忽视了冰箱冷冻门的门胶条这样设计是否安全。直到有一次我女儿为了拿冰棍,拉着门胶条从凳子上摔下来,嘴巴下面和眼角旁边都摔破了,缝了几针。我只能怪自己太不小心,没有照顾好女儿才导致她从凳子上摔下来,从来都没有在旧冰箱的设计上找原因。

现在家里用了卡萨帝冰箱,我们都很放心女儿去开冰箱。因为冰箱是对开门设计,一边是冷藏,一边是冷冻。这样找什么东西都很方便,一眼望去就能找到自己想要的东西。

我最喜欢的就是这款冰箱对温度的精确控制,还有就是无霜,没有出现让人头疼的冰霜问题。而且这款冰箱比我想象的还要省电,不知道卡萨帝是怎么做到的。此外,卡萨帝的品控质量让人感到满意和放心,比很多国外大牌做得还要好,这是我最大的感受。

我和我的家人都很喜欢这款冰箱,这称得上是我用过的最满意的产品,要是以后还有机会买冰箱的话,我一定会毫不犹豫地选择卡萨帝。

我也会积极地给身边的所有亲戚、朋友、同学们推荐,希望他们都用卡萨帝的产品。我为自己选择了卡萨帝这个品牌感到骄傲和自豪。

(晒单故事作者:沙先生)

扫二维码,
看晒单故事原文

设计高端艺术

- 用户：聆听花开
- 地点：河南信阳
- 产品：435升云珍多门冰箱 悠享单门冰吧
- 晒单时间：2018/06

送卡萨帝就是有面子

在看过我们家的冰箱和听我讲完使用效果后，她果断在弟弟结婚时送了一台卡萨帝双开门冰箱作为贺礼，她觉得送卡萨帝就是有面子！

今年搬新家，要添置许多新的家电，所以闲来无事我就去家电卖场溜达。在商场看到卡萨帝冰箱后就觉得它跟我们家的装修风格很搭，经过一番对比，我毫不犹豫地选择了它。它的外观简单大方、做工精细、设计合理、功能强大，非常契合我们家对冰箱的期待。

卡萨帝435升的冰箱的外观设计很好看，低调奢华有内涵，厚度只有60厘米，放到餐桌旁边，厚度没有超出阳台的推拉门，不影响整体布局。

这台冰箱功能也很强大，声音小到可以忽略不计。冷藏室带杀菌功能，打开冰箱门没有异味。同时，冷藏有干湿分储的功能，干区放茶叶、银耳不会受潮，湿区放水果和青菜，保鲜一个星期不成问题，效果非常好。冷冻室的两个大抽屉能放很多肉，冷冻效果也是棒棒的。有一次我买了肉放在冰箱里忘记了，再拿出来的时候已经是大半年之后了，但肉的颜色仍然没变，吃起来口感照样很好。

我们家两岁的小宝宝也很喜欢这个冰箱。冰箱最上面的抽屉放她喜欢吃的水饺和果冻，抽屉式的设计，抽拉很方便，她可以自己去拿。但正是由于抽屉抽拉很方便，现在都得把冰棍藏起来了，避免小宝宝偷吃。

设计高端艺术

现在很多朋友来我们家看到冰箱都夸赞很好，然后问我使用效果怎么样，每次我都详细地给她们介绍。最近我最好的朋友的弟弟要结婚了，她想送弟弟一台冰箱。在看过我们家的冰箱和听我讲完使用效果后，她果断在弟弟结婚时送了一台卡萨帝双开门冰箱作为贺礼，她觉得送卡萨帝就是有面子！

后来我们家又买了卡萨帝好几台电器，就是喜欢这个品牌，也是品牌的"粉丝"。希望日后卡萨帝可以做出更多让用户满意的产品！

（晒单故事作者：聆听花开）

扫二维码，
看晒单故事原文

设计高端艺术

- 用户：夏天
- 地点：山东潍坊
- 产品：双子云裳洗干一体机
- 晒单时间：2018/03

解决所有洗衣困惑

美丽的双子云裳最大的优点就是超级静音，再也不用担心我这个夜猫子晚上洗衣影响别人了。

　　初次相识卡萨帝是在前年装修房子时，我们去一家大型家装超市。因为当时不想换电器，所以就没停下来仔细看家电。但快要走的时候，发现了一个特别高的洗衣机，有两个滚筒，当时我还以为是商用机型，扫了一眼就快速离开了，就这样我和卡萨帝双子云裳擦肩而过……

　　去年冬天，我搬进了装修好的新家，家用电器基本都还是用原来的。因为购买的时间都还不长，刚用了三四年，所以从实用节约的角度考虑就都没换，但多年来洗衣机困扰我的问题越来越突出了。

　　我的腰不好，多年来一直尽量减少弯腰的次数，因此使用的一直是波轮洗衣机，已经换过三个了。无论深色浅色衣服、内衣外衣都是在一个筒中清洗，曾经无数次设想，家里要是有两个洗衣机就好了，一大一小，浅色深色，内衣外衣分开洗。但苦于家里预留放洗衣机的空间小，摆放两个洗衣机太局促，所以也只好作罢。

　　还有一个洗衣的烦恼更加恼人，那就是每次洗完衣服，总是有很多细小的白毛毛粘在床单被套上，粘在深色衣服上。我总是有疑问，衣服床单被套到底有没有洗干净？衣服甩干水之后，褶皱还特别特别多，而且很细小，用挂烫机熨都很难熨开。

　　在有了这诸多烦恼之后，我想换一台好的洗衣机了。正好一位朋友刚换了双子云裳洗衣机，总夸她的洗衣机有多好多好。我按捺不住了，马上去了几次商场、电器城，全方位了解了卡萨帝

设计高端艺术

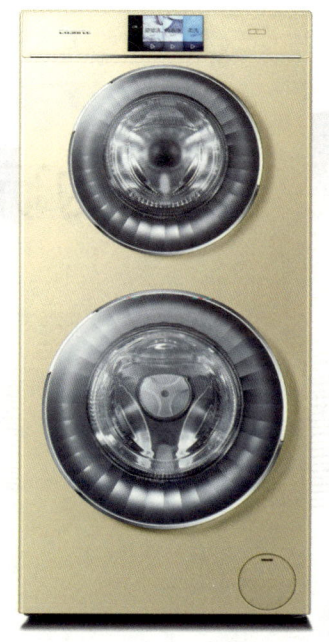

双子云裳,最后选择了带烘干功能的这一款。

等师傅安装好之后,我迫不及待地用上筒洗了一批毛巾,结果洗得特干净,而且用上筒洗衣服一点也不用弯腰,直立高度正好。然后用下筒洗了床单被套,用了烘干功能,效果超级棒,拿出来抖抖时间不长就干了。

美丽的双子云裳最大的优点就是超级静音,再也不用担心我这个夜猫子晚上洗衣影响别人了。

选择双子云裳之前,我也对比了国内外不少的大品牌,包括纯国产的,国外品牌国内生产的,还有完全国外生产进口的,最后最中意的依然是卡萨帝双子云裳!它解决了我所有的洗衣困惑和难题。衣服甩干之后皱褶少多了,当然对衣服的损伤就小多了,总之感觉自己的生活提高了一个档次,正考虑是不是要将冰箱也换成卡萨帝的。

期望卡萨帝越做越好,购买卡萨帝的客户越来越多,使用高档家用电器,提高生活品质!快乐生活每一天!美好生活每一天!

(晒单故事作者:夏天)

扫二维码,
看晒单故事原文

| 用户：刘先生
| 地点：山东德州
| 产品：520升F+自由嵌入式冰箱
　　　悠享单门冰吧
　　　铭钻热水器
| 晒单时间：2018/04

二宝的玩具

宝宝们也给这台冰吧贴满了可爱的卡通贴画，像保护自己喜欢的玩具一样，没事就来看看。

自从去年房子装修好，我和老婆就开始了家用电器的选购之路。到如今，家用电器基本置办齐全了，卡萨帝的产品我们买了好多件了，包括冰箱、热水器等等。但是买这个冰吧，还要从我家二宝说起。

因为孩子小，特别爱吃零食、喝饮料，电冰箱虽然容量不小，但是放的东西特别多，也特别杂，孩子如果自己去找东西翻找起来既麻烦，也不安全。而且孩子有些零食放在冰箱里，没吃完放在那，然后就忘记了，好多东西都浪费了。

前几天，我和老婆带着两个宝贝去商场玩，刚好来到卡萨帝展厅，二宝跑进去打开了一个冰吧的门。她应该是看着这个小柜子挺好玩的，想看看是干什么用的。在她的引导下，我也来到了展厅里。

一进来，热情的服务人员就跟了过来："先生您有什么需要吗？这是我们新款的冰吧，存放烟酒水果很方便，而且不串味，现在很多家庭都在使用。"

"这小冰吧，有防串味的作用呀！"我当时挺惊讶地说。原来总认为冰吧只是一个普通的恒温箱，没想到作用还挺大！

这时我家二宝说："这个小柜子挺好玩，可以放吃的吗？"

我说："你就认得吃。"

老婆看了看也在一旁说："能防串味，真的不错，要不我们买一台吧。"我家二宝听见了在一旁也附和着说："买一台，买一台，姐姐和我好放吃的。"小家伙还不忘统一战线，把她姐姐也拉进来了。

这时，卡萨帝的销售人员给我们介绍说：

设计高端艺术

"这台冰吧,还有制冰功能呢!夏天的时候可以给孩子们做冰糕。"

她一这样说孩子们就更兴奋了,争着让买。好吧,买!我一看全家人都对这小冰吧情有独钟,我当然也要顺水推舟遂大家的意咯!

使用了这台冰吧后,我家生活的品质提高了。而且,给孩子存放食物,孩子自己拿取很方便,也不用担心食物串味了。宝宝们也给这台冰吧贴满了可爱的卡通贴画,像保护自己喜欢的玩具一样。她俩没事就来看看,主要是看我们是不是又给买了好吃的放在里面了,透明的玻璃窗让里面的食物一览无余,孩子们可高兴了!

通过这次愉快的购物,让我感受到卡萨帝销售人员热情的服务、专业的介绍,是一次很不错的购物体验。尤其是在产品功能的介绍上,能够贴合购物者的需求,介绍产品优点,真的很用心!

希望卡萨帝制造出更多更人性化的产品,希望在人工智能和网络连接等方面,提供更高效的服务,让我们的生活更加丰富多彩!

(晒单故事作者:刘先生)

用户所用冰箱局部实景图

扫二维码,
看晒单故事原文

设计高端艺术

- 用户：张健
- 地点：上海
- 产品：双子云裳滚筒洗衣机 621升朗度T型冰箱
- 晒单时间：2016/06

卡萨帝果然名不虚传

从来没有想过洗衣机也可以这个样子，不禁惊叹于设计师的创造力与魄力！

在上海奋斗了十年，终于有了自己的窝，也终于能好好选一下自己喜欢的家电了。

坦白说，我开始并没有注意到卡萨帝，直到后来在业主的交流群中，听到很多人在推荐卡萨帝，才开始想到去网上查一查卡萨帝究竟是怎样一个品牌。

经过一番调查，我了解到卡萨帝原来是国际高端家电品牌，其设计团队是由多个国家的精英设计师组成。于是我又去实体店深入了解了一下，看过产品后感觉果然名不虚传。

我这个人对吃和穿都比较讲究，所以在冰箱和洗衣机的选择上我也更加谨慎。

购买冰箱时，我前前后后对比了三家，最终敲定了卡萨帝。我挑选冰箱主要关注压缩机的品牌以及冰箱运行时的噪音。24小时运行的机器，一定不能让噪音影响生活，绿色环保的才是好的。经过对比，卡萨帝选用的恩布拉科压缩机，以不到40的运行分贝和每天不到0.8度电的能耗成为三款候选的最终胜出者。而且四门冰箱的分隔方式对我来说非常适合，有些对开门的冰箱难免会有不同食材的串味现象，而卡萨帝四门冰箱的中上两面门是相通的，里面有抽屉可以分隔食品，变温部分有100升的容量，且变温幅度有20多度，机动性非常好，使用起来也更灵活，并且不会串味。

经过三个月的使用，每个家庭成员都对这款冰箱非常满意。开始以为大冰箱占据空间太大，现在觉得，冰箱和硬盘是一个道理，多大你都会把它装满。现在每天打开冰箱看到琳琅满目的食品，幸福感也油然而生。

对于洗衣机，一开始是制订了一套采购方案的。因为洗衣的要求比较高，即便以前租

设计高端艺术

房时,也一直是用两台洗衣机,将衣物分开洗涤。这次打造自己的新家,也是这么考虑的,想法是一台滚筒洗衣机搭配一台挂壁式的洗衣机。当时差一点就要买两个洗衣机了,直到看到了卡萨帝的双子云裳洗衣机,一下就被震撼到了。从来没有想过洗衣机也可以这个样子,不禁惊叹于设计师的创造力与魄力!而就是这样的一见钟情,让我连产品参数什么的都没有仔细研究,就立马购入了。

如果你认为双子云裳只是外表吸引人的话,那就大错特错了。从第一次使用开始,我就感受到了这款产品的与众不同:触摸屏操作,各种洗涤方式配合图片,分类非常清晰,可以在不看说明书的情况下轻松地操作这款产品。而且洗涤过程中只要碰一下触摸屏就可以自动点亮滚筒内的照明灯,在夜间不开灯的情况下也可以清楚地看到滚筒内的洗涤过程。还有一点非常满意的是,即便在双滚筒同时脱水运行的情况下,声音也非常小,不会有那种飞机降落一般的噪音。

不管是冰箱还是洗衣机,卡萨帝都令我太满意了,希望卡萨帝越做越好!

(晒单故事作者:张健)

扫二维码,
看晒单故事原文

扫二维码,
看晒单故事原文

设计高端艺术

天衣无缝匹配地中海风情

"卡萨帝给我的感觉:太意外,太惊喜!!"对于身在成都的李先生,卡萨帝用一台白色的360升冰箱将他的度假房完美风格发挥到了极致,让他惊叹。

李先生的妻子史琳年轻时喜欢摄影,退休之后成了一名业余摄影师。2016年在泸沽湖拍摄时,看中了沿路的风景,便在泸沽湖附近买下了一套小户型度假房。因为喜欢蓝色和白色,夫妻俩便按照地中海风格装修了这间度假房。

房间里是李先生和妻子最爱的地中海风格,搭配窗外泸沽湖的碧波和蓝天,很是好看。后来李先生想买一台320升左右的三门白色冰箱,因为受户型面积限制,放冰箱的位置只有70厘米宽,这又增加了很多难度。他们跑遍了当地的大型卖场,也没有买到喜欢的冰箱。

"我的要求不高:白色、三门、320升左右,宽度60厘米。但是看了这么多,不是大小不合适就是质量不满意,或者没有白色。"家具,洗衣机都到位了,唯有冰箱迟迟买不来。

偶然的机会,李先生到朋友家做客,一眼就看上了一台双开门冰箱。无噪音,变频,玻璃门板美观大气,这是他对卡萨帝的第一印象。

第二天一大早,李先生就独自来到卡萨帝门店,远远地注意到展位上有一款白色的三门冰箱亭亭玉立地站在那儿,他眼前一亮。"白色!白色360升的卡萨帝,太意外太惊喜了!"李先生没有丝毫犹豫,当即下单买回家。

"虽然第二天冰箱就送来了,但是我还是很期待。"因为厨房预留的冰箱柜顶端是圆拱形,所以放冰箱的位置只有70厘米宽,普通冰箱只能买320升左右的,而卡萨帝的这台冰箱足足有360升的容量。这让李先生夫妻俩非常满意。

这次满意的购买不仅让李先生和他妻子的地中海装修风格画上了完美的一笔,更让他领略了卡萨帝品牌独有的魅力。现在他不仅是一位卡萨帝用户,更身体力行地将卡萨帝推荐给其他的朋友,让他们也感受一下这一抹地中海风情。

摘自:卡萨帝生活公众号

扫二维码,
看晒单故事原文

呼吸的艺术

- 用户画像：南京·张女士·大平层
- 产品方案：云鼎空调柜机—豪华版
- 品味生活：第一眼就看上卡萨帝空调的外观设计，特别喜欢加湿和智能功能。

- 用户画像：兰州·晏先生·大平层
- 产品方案：1套云鼎空调柜机—豪华版、2套云鼎空调挂机—豪华版
- 品味生活：卡萨帝大气的外观以及颜色和装修风格很搭。兰州气候比较干燥，秋冬季节尤为突出，选购卡萨帝柜机可以节省购买加湿器的支出，家里年轻人喜欢香薰功能。

- 用户画像：甘肃·范先生·大平层
- 产品方案：4套云鼎空调
- 品味生活：自己家、父母家、姐姐家、弟弟家各一套。产品独特的保湿功能，营造舒适的生活环境。

呼吸的艺术

- 用户画像：青岛·江女士·别墅
- 产品方案：1台天玺空调柜机—经典版、6台天玺空调挂机—经典版
- 品味生活：儿子怕热，媳妇怕冷，分区送风，各取所需。

- 用户画像：邢台·冀女士·大平层
- 产品方案：云鼎空调
- 品味生活：卧室用挂机，睡得舒服；客厅用柜机，用得健康。

- 用户画像：济南·尚女士·大平层
- 产品方案：520F+自由嵌入式冰箱、馨享单门冰箱、云鼎空调
- 品味生活：卡萨帝空调送风柔和，再也不怕吹空调风了。

第四篇 精致高端工艺

时代虽在更迭，但精益求精的"工匠精神"永远无可替代。

基于对用户需求的准确把握，本着对用户的真诚情感，颠覆传统制造方式又极具"工匠精神"的卡萨帝通过海纳百川的高端平台，磨砺出了令行业叹为观止的极致工艺水平。

卡萨帝依托海尔全球领先的COSMOPlat（海尔工业互联网平台），实现了定制、互联、智能、可视。同时，让用户全流程参与设计和生产，加之近乎苛求的匠人态度，每一款卡萨帝产品都凝聚了全球一流的工艺，尽显匠心。

对用户满怀真情、对产品心存敬畏的卡萨帝，将在"匠人匠心"的道路上，义无反顾地前行。

精致高端工艺

| 用户：素面布衣
| 地点：山东青岛
| 产品：621升朗度T型冰箱
| 晒单时间：2017/11

"海归"儿子向我推荐卡萨帝

感谢我儿子给我推荐这样好的家电产品，也感谢卡萨帝给我的生活带来了这样多的便利！

装修接近尾声，该准备家电了。一有时间我就去各大超市闲逛，可逛了许多家，我也没有挑到自己喜欢的冰箱。

有一次我逛完回到家中，与家人进一步讨论所需购买的电器。这时，曾在国外留学最近刚归国的儿子突然说道："就买卡萨帝吧！"我一头雾水地问儿子卡萨帝是什么，儿子便开始为我详细介绍起卡萨帝。他对我说，卡萨帝是国际高端产品，很多人都喜欢卡萨帝。

听了儿子的推荐，我又在网上查了卡萨帝，对卡萨帝有了初步的了解。之后我还打电话给我的同事、亲戚、朋友，问他们是否有使用卡萨帝的，其中有部分人在用卡萨帝，他们给我的反馈都是使用体验很好。就这样，经过反复考虑，我最终决定买卡萨帝冰箱。

最初看中的是双开门容量最大的卡萨帝冰箱，可真的决定要买的时候我又犹豫了。因为在开门的过程中，我感到冷气袭人，尤其是膝盖更觉得冷，我要取一件东西，就要打开冰箱的一半，因为我膝盖不好受不了冷气，只好作罢。好在卡萨帝的设计师们还设计了多种冰箱可供我们选择。于是我便把视线转移到了十字形开门冰箱，我们常取进取出的是冷藏食品，十字形开门只要开上半部就行了，膝盖不会受凉。就这样我最终选择了卡萨帝621升朗度T型冰箱。

我觉得我买的这款冰箱，比双开门的更实用，空间也比较大，表面光滑、好擦、不沾油。里面全透明，可以直接看到食物的颜色、样子，如果有变质，也会及时清楚地看到，这样也可以及时清除处理。

如今这款冰箱来到我家已经半年多了，的

精致高端工艺

确令我非常满意。

首先一点，就是它不结霜。我以前的冰箱无论放什么东西，都要加一层保鲜膜或保鲜袋把它包起来。现在就算我只把碗盖一个盖子放到里面，也从来没结过霜。其次一点就是它保鲜的时间很长。我这个人比较懒，一般都是每周采购一到两次食材，我发现食物放在里面长时间也不会变质。有一次我买了菠菜，我把外层的叶子先吃了，还剩下些中间的菜心儿，放在冰箱里忘了。结果过了两个多星期，我找别的东西时发现了这把菠菜，拿出来一看，天哪，和刚买时差不多！它超长的保鲜时间，真的让我感觉用起来很舒心。

还有它的软冷冻功能也令我特别满意。以前我用的冰箱只有冷冻和冷藏的区分，有时现吃的肉类从冷冻里拿出来，需要等很久才能解冻。而卡萨帝的冷冻分两部分，一部分是深层冷冻，另一部分就是软冷冻。我经常把最近要吃的食材放在这层冷冻里，现吃现切，十分方便。因为我喜欢自然化冻，不喜欢用微波炉解冻，而软冷冻的功能，完全满足了我的需要，感觉卡萨帝这样设计真好。

感谢我儿子给我推荐这样好的家电产品，也感谢卡萨帝给我的生活带来了这样多的便利！

（晒单故事作者：素面布衣）

扫二维码，
看晒单故事原文

精致高端工艺

| 用户：陆先生
| 地点：江苏盐城
| 产品：435升云珍多门冰箱
| 晒单时间：2016/07

我愿为工匠精神付费

生活就是这么惬意，因为拥有了卡萨帝。

在购买卡萨帝之前，我对海尔还是非常了解的，而且特别欣赏海尔的企业文化。记得还是在上大学的时候，管理学课程中进行案例剖析时，就分析过张瑞敏怒砸不合格冰箱的经典案例。在那个年代，有这种魄力，给了我很大的震撼。海尔对产品质量的严格管控和严谨、认真的企业文化，都是海尔品牌走向壮大的内生动力。

海尔作为一个成立几十年的老牌国有企业，经历了品质的提升，文化的再造，改革创新，现在已经成了全球白色家电的佼佼者。作为海尔的高端品牌卡萨帝自然积聚了海尔企业文化的精髓，充分反映了中国工匠精神……

我从市面上的众多品牌中选择了卡萨帝，不是偶然而是必然。这次换冰箱前，我把市面上比较主流的日韩、欧美品牌都考察了。这些品牌也不是不好，但问题在于原装进口的质量不错，但价格太高，国内组装的质量又信不过。

当年结婚搬新家购买的韩国品牌冰箱，品牌知名度高，价格不菲。可是三年质保期一过，管路就出了问题。请人上门维修过两次，问题都没有得到解决。尤其当时还是夏天，食物存放不放心，新鲜度难保障，冰箱噪音大，发热严重……种种问题，让人无语。

所以我决定这次一定要买最好的。结合了品质的考量和之前的使用经验，再加上爱国情结的作用，最终我确定了海尔的国际高端品牌——卡萨帝。它称得上是一个顶级品牌和顶级文化结合的产物——恩布拉科压缩机、海蒂诗导轨、欧洲顶级设计师设计……这些都是我选择它的理由。

我们值得为工匠精神付出等值的金钱。

精致高端工艺

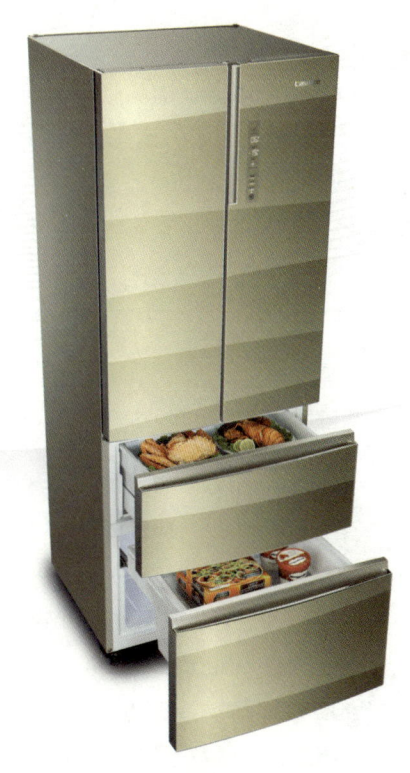

这款多门冰箱的设计,我认为对普通用户来说是最实用的,不需要占用太多空间,科学合理的布局让生活增添了更多乐趣。冷藏区、保鲜区、软冻区、速冻区、变温室的设计,都是很合理的,435升空间完全满足了一个家庭的食物存放需求。超大的冷藏区足以存放一个星期的水果和蔬菜;保鲜区可以存放海鲜、干货、营养品和保健品,软冻区可以存放下一天要吃的肉类食品。生活就是这么惬意,因为拥有了卡萨帝。

希望海尔能够继续将卡萨帝品牌做精、做强、做大,进一步将这种工匠精神凝聚在卡萨帝品牌上,这也是对消费者最好的回报。

(晒单故事作者:陆先生)

扫二维码,
看晒单故事原文

精致高端工艺

| 用户：张先生、熊女士
| 地点：云南昆明
| 产品：简爱搅拌机、洗衣机、冰箱
| 晒单时间：2017/07

生活每天新鲜而快乐

这时的我就带着一点点的得意向朋友介绍，冰箱是卡萨帝的，现在用的洗衣机也是。

下了夜班，带着一身疲惫，骑着车回到家。"老爸吃早点啦！"放暑假在家的儿子已把自己做的饼和一杯果汁放在餐桌上。

2005年，我的儿子来到世间。随着他慢慢长大，开始喜欢上自己动手学做菜。早餐里的饼就是他自己做的，而果汁就是用卡萨帝简爱系列中的搅拌机做的。自从有了卡萨帝搅拌机后，孩子暑假里增添了不少乐趣。

老爸，明天我们来杯芒果汁好吗？老爸，明天我们来杯火龙果汁怎么样？老爸，今天来杯冰沙？老爸，我们来做冰激凌……每天，他都在网上查找搅拌机还能做什么，看到新的总要动手试做一下。而我却成了他的试吃员，每天喜欢吃的、不喜欢吃的东西都得试一下。尽管如此，每每看到儿子期待的眼神，我都会一口气吃完所有的东西。

每次试吃结束后，我们总会在一起总结哪个环节应该用起泡器，什么时候搅拌冰激凌会更松软……每天我们家里总是新鲜和快乐的，卡萨帝简爱搅拌机给我们家带来了满满的爱。

认识卡萨帝是在几年前。我和妻子想给家里换一台冰箱，于是决定去逛一逛家电卖场。走进卖场那一刻，就被卡萨帝吸引了。

等工作人员介绍完后，我们才知道卡萨帝是国际高端品牌，当时就想以后换冰箱就选卡萨帝冰箱。几年后的今天，我的家里已不只是冰箱，洗衣机也换成了卡萨帝，质量棒棒哒！

不过说起购买卡萨帝的过程，还发生了一段小插曲。

我家住在昆明的安宁市，作为一个县级市，物流会稍有延迟。那天去卖场购买卡萨帝冰箱的时候，卖场竟然没有现货！本着对卡萨帝的

精致高端工艺

急切渴望，我和妻子商量后，当即决定奔赴昆明购买。就这样，虽然购买过程一波三折，但最后我们还是成功地把卡萨帝搬回了家。

现在，但凡有朋友来到家里，都会对我家的冰箱"评头论足"一番。先是问品牌，然后夸奖外观，最后一定要打开看一下，细心点的朋友还会听一下，说声音好小，几乎听不见。这时的我就带着一点点的得意向朋友介绍，冰箱是卡萨帝的，现在用的洗衣机也是。

后来，我家又添了这台给儿子带来美食乐趣的卡萨帝搅拌机。

搅拌机真的不错，整体使用的是医用不锈钢材质，握在手里很轻巧，与德国福腾宝（WMF）合作，使用的刀片非常锋利，一键拆装、无级变速的设计让小孩子也可以轻松使用。于是孩子的暑假也变得更有乐趣，孩子也更主动积极地去做事情。

不多说了，孩子的肉馅搅好了，又要叫我去包饺子了。

在这里，愿卡萨帝产品种类越来越多，越来越好。

（晒单故事作者：张先生、熊女士）

扫二维码，
看晒单故事原文

精致高端工艺

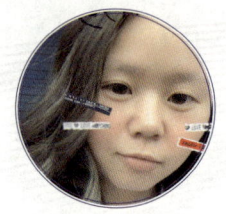

- 用户：张小姐
- 地点：浙江嘉兴
- 产品：622升朗度双开门冰箱
- 晒单时间：2017/09

卡萨帝，贼炫儿

连外观细节都做得很好的产品，相信它的核心质量也不会差！

　　2017年9月份，我开始为婚房准备家电。因为之前对家电市场并不了解，所以选什么品牌的家电令我很头痛。我平时喜欢做烘焙，对于原料储存有着迫切的需求。既然挑选家电不知从何处入手，我便决定，那就从最有需求的冰箱开始看起。

　　兜兜转转好几个卖场，开始了我的漫漫挑选冰箱之路。刚开始的时候，我看的都是国外品牌。由于迷信进口品牌的"高质量"，我始终在几个国外高端品牌之间纠结。后来，有一个做家电的朋友告诉我，之前还不错的几个国外品牌，都已经开始深耕其他产业，家电类的产品目前是代理在做，还是不要买了。我吃了一惊，回家上网仔细查了一下，发现果然如此，但这也终于让我摆脱了纠结。

　　遇到卡萨帝，是真正的无意之举。

　　那天逛卖场的时候，我正好路过卡萨帝专营店。可谁曾想，就是路过时往里看的那一眼，我就挪不动脚了，真是设计得太好看了！

　　在销售人员介绍下，我了解到卡萨帝冰箱不仅用材很好，就连做工细节都很好。为什么这么说呢？我之前看其他品牌的时候，看的都是双开门冰箱，可以很明显地看出两扇门不是很对称，高低落差明显。但卡萨帝就没有，整个冰箱做工很细致。我不是很懂家电行业，但连外观细节都做得很好的产品，相信它的核心质量也不会差！

　　将卡萨帝带回家两个月之后，我发现卡萨帝真的太完美了！导轨式的抽屉，拉出来非常顺畅，而且可以整个拉出来，不用怕全部拉出来而掉下去，和滑轮的抽屉完全是不同的体验，简直太好用了！另外，在冷藏区还有一个

精致高端工艺

密封柜，平时放护肤品或者母乳都很好，可以隔离，保证完全不会串味。还有干湿分离的先进设计，存放干货、酸奶两不误，非常实用！

当然最令我满意的，就是存放我烘焙用的淡奶油，不会变质。这个东西开封后非常不易保存，以前放在普通的冰箱里，一两天就会坏掉或者串味，不能继续使用，令我很是烦恼。自从用了卡萨帝，放一个周都没事，而且不用担心串味，功能真是太强大了！

现在使用卡萨帝已经差不多一年了，它的静音效果真的非常好，基本没有噪音。还有面板的人体感应效果也很好，会自动亮起，款式又好看，贼炫儿！

以后我还想买更多的卡萨帝家电！

（晒单故事作者：张小姐）

扫二维码，
看晒单故事原文

精致高端工艺

| 用户：罗先生
| 地点：新疆乌鲁木齐
| 产品：445升云珍意式冰箱
| 晒单时间：2016/08

用功率计亲测卡萨帝

放在餐厅要样子有样子，要质量有质量，耗电量低，很节能，日常使用基本感觉不到冰箱的声音。

2016年8月，新房终于在一片欢喜的忙碌中完成了装修，添置家电也被我和妻子提上了日程。一有空闲，我便和妻子去逛家电市场。出于对生活质量的追求，我和妻子一致认为，冰箱是关乎生活水平最重要的一个电器。因此，我们首先去看的就是冰箱。

由于对家电行业了解不深，在选购家电时，我和妻子便定了这样一个标准：买名牌！经过几天的考察，我们初步选中了海尔、卡萨帝和两个德国品牌的冰箱。但对于卡萨帝，其实当时也只是听说过，并没有详细了解。

我买家电类的产品有个习惯，喜欢从某品牌销售人员那探听其他品牌产品的好坏。令我惊奇的是，别的品牌销售人员在听到卡萨帝时，都说挺好，还说这是个国际高端的大品牌，很受欧美市场用户欢迎。

听到这，倒是令我对卡萨帝产生了一种别样的好感。因为我在国家单位中从事质量技术检测方面的工作，对于出口类商品的技术检测标准十分了解。既然卡萨帝受欧美市场欢迎，那肯定不论技术还是工艺，都会严格按照出口质量标准制造。

抱着这种心态，我和妻子又去了一趟卡萨帝品牌专营店，对卡萨帝深入了解了一番。

因为自身工作的特殊性，我对各项参数极为注重。我们又回家上网搜集各种有关卡萨帝的数据、评价以及与其他品牌的参数对比等。一番对比下来，我和妻子发现卡萨帝的各项功能参数不仅不输于如今市场上各大高端家电品牌，甚至在许多方面已完全超越了它们。

在如此权威的数据面前，我们就像吃了定心丸，当即决定冰箱就选卡萨帝了！

精致高端工艺

卡萨帝成为我家成员的当月，我惊奇地发现用电量与前两月有较大出入。在"技术控"精神的驱使下，我找来一只功率计想测测家里主要家电的耗电量。不测不知道，卡萨帝冰箱24小时的耗电量竟然只有1.2度。准备一日三餐、孩子拿个酸奶、冷冻室放满肉、放蔬菜水果到冷藏室……这么多开关冰箱的操作下来，一天只有1.2度电，节能杠杠的！刚开始还怀疑冰箱耗电量大呢，结果想错了，耗电量大的家电居然是电视机，105瓦呢！

现在使用卡萨帝冰箱已经快两年了，实事求是地讲，这冰箱真的不错。放在餐厅要样子有样子，要质量有质量，耗电量低，很节能，日常使用基本感觉不到冰箱的声音。冰箱的这些特点很符合卡萨帝品牌的定位——低调而奢华。现在家里的家电中最满意的就是这台冰箱了！

卡萨帝这个品牌就是那种有设计、有思想的产品，从产品中可以感受到工作人员对这件产品的态度、对消费者的态度。

使用至今，也终于让我明白了为啥别的品牌冰箱的销售人员也都夸卡萨帝好！

（晒单故事作者：罗先生）

扫二维码，
看晒单故事原文

精致高端工艺

- 用户：魏女士
- 地点：四川绵阳
- 产品：传奇燃气热水器
  622升朗度双开门冰箱
- 晒单时间：2017/07

有了卡萨帝，
孩子自己能洗澡

我想，这样的好东西，也只有亲身使用过的人才知它的强大与完美吧！

我家有两个宝宝，我一个人从早忙到晚就是照顾两个小家伙。随着时间的流逝，孩子们都上幼儿园了，我想，孩子大了，我终于可以轻松点了。

于是有一天晚上，我便让孩子们自己洗澡，可水刚开一会，孩子就开始大叫好烫啊！等我看到时，孩子的皮肤已经烫红了。孩子的皮肤多嫩呀，我当时那个心疼呀！我赶紧给热水器的售后打电话，质问他们我设定的温度是35度，而实际温度却超过了60度，是怎么回事？

没想到维修人员来看了之后说：你可以把天然气的开关关小点。然后就结束了，没有给

精致高端工艺

出其他的解决方案。维修人员走后,相同的问题又出现了好几次,我又报修了第二次、第三次……很多次以后,家里的水管热水都流不出来了,角阀堵了,即使水温设置35度,水都能烧开。自此之后,每过半个月我就得清理一下角阀,很无语又无可奈何……

后来,我看中了卡萨帝热水器。想换,但又觉得家里的热水器也还没买多久,虽是食之无味,但也弃之可惜呀。这让我陷入了深深的纠结中……

考虑再三,我还是觉得孩子的健康最重要,下定决心把家里的热水器换成了卡萨帝。

热水器安装好了以后,孩子们就开始自己洗澡了。看到孩子们自理能力一天比一天强,我真的觉得自己的选择是对的。可每每回想起孩子被烫的样子,还能感觉到心痛。

想到之前每次清洗角阀开关时,都觉得心烦。刚开始清理时,角阀的位置还不会漏水出来。可后来就不行了,用了很多办法,还是会渗水出来,实在是太讨厌了!还好换了卡萨帝的恒温热水器,它有一个热水过滤的功能,这样角阀就不会再堵了。而且孩子们自己也可以放心地洗澡,他们洗澡的时候我也可以使用热水洗碗。空闲时间多了,人就没有那么累了,孩子也得到了锻炼,感觉生活都美好了许多。

一次,我朋友到我家来玩,看到了我新换的热水器。她便问我:"这是什么牌子,好用不?"我说:"好用啊!"于是,我俩就这台热水器聊了起来。

但当她知道了热水器的价格后,却说那么贵,有这个钱都可以买台国外进口的热水器了!对于她的这个看法我不屑一顾,于是问她,你连我这个热水器是什么品牌都不知道,怎么就给出这样的评论呢?

我想,这样的好东西,也只有亲身使用过的人才知它的强大与完美吧!真心希望卡萨帝这个品牌越做越好,用事实来证明自己!

(晒单故事作者:魏女士)

扫二维码,
看晒单故事原文

精致高端工艺

- 用户：雪月银杉
- 地点：湖南长沙
- 产品：欧式云裳滚筒洗衣机、621升朗度T型冰箱
- 晒单时间：2016/09

就一个字，爽！

没想到，因为卡萨帝，我们竟不小心打开了新生活的大门！

  2015年是忙碌的一年，全家为新房装修费尽了心思。当然有努力就有收获，一步步下来，新房终于成形，我们内心也升起了满满的成就感。老婆大人追求时尚，家里的整个装修风格都是简欧风格，所以白色和金色成了家里的主色调。

  紧接着从2015年底到2016年初，就开始采买各种电器：冰箱、洗衣机、电视机、空调……但是要把整个家具、电器风格协调起来，着实比较难选。因为是简欧风格，所以家具买的是白色烤漆配金色纹理，房门、柜门也是清一色的"白擦白"或者"白擦金"，还有灯具、地砖都是金色或者黄色纹理，这也就对家电的风格设计提出了极高的要求。

  第一次装修新房，由于没有经验，装修时都用的最好的材料，所以整个硬装修下来花了几十万。基础装修上去了，家电就不可能将就了，所以便宜的、老款的就直接跳过了，但还要与我家的风格搭得上，挑来挑去，最后选定了国际高端品牌卡萨帝。

  之所以选择卡萨帝，首先是觉得卡萨帝名字好听，其次是卡萨帝的外形、颜色和我家的风格比较搭，关键是功能质量确实不错。接下来就是价格的问题了。卡萨帝相对一般的品牌确实要贵一个档次，但俗话说便宜没好货，要想有好的质量，享受好的品质，就要舍得花本钱。所以我一口气买下了卡萨帝的洗衣机、冰箱，还买了两台电视机。整套摆在家里，就一个字：爽！

  现在使用卡萨帝也有一段时间了，我感觉卡萨帝真的给我的生活带来了很多的改变，也提升了我的生活品质。

  首先来说说洗衣机。自从有了卡萨帝洗衣机，基本再没用手洗过衣服了。本人也比较懒，不好意思透露下，以前小两口在家里，基本都是积攒几天的衣服一次洗。现在有了卡萨帝，8.5千克洗衣机一次能洗大量衣服，洗衣液添加一次，很久都不用去管，想啥时候洗就啥

精致高端工艺

时候洗,着实省去了很多麻烦。而且基本各种类型的衣物都能在备选功能里面找到合适的洗涤方式,洗出来的衣服比手洗干净多了,并且从开始到洗完,基本听不到声音,真是一款无噪音高端洗衣机!

再来说说冰箱。当初选择卡萨帝的冰箱,主要有三个原因。首先是从外观来讲,我们被它香槟金的颜色所吸引,和我家的简欧风格的装修很搭,最关键的是老婆大人非常喜欢!其次这个冰箱的轮廓一直以来都是我喜欢的类型,有棱有角。我从来不喜欢圆乎乎的东西,就喜欢方正的,高端大气上档次!再者就是冰箱本身强大的功能,冰箱容量大,而且冷冻、冷藏、保鲜、干湿分区应有尽有,能满足我们一次大采购之后食品存储的空间需求!四门分区,格局合理,储存取出方便,冷冻空间一点也不结多余的冰块,这些让我俩都相当满意!

自从把卡萨帝冰箱带回了家,原本不会做饭、也不喜欢做饭的我们,竟慢慢开始了烹煮之路。看到什么好吃的就囤到冰箱里,慢慢来做。即使家住农村的父母给我们送来一堆鸡肉、鸭肉也不怕坏,因为食品放冰箱里一两个月也能保持原来的新鲜度,我们可以放心慢慢吃。

从此我们的生活有了质的飞跃,不再饱一顿饥一顿,也不用再担心在外面吃饭不卫生。慢慢地,我们开始享受煲汤、炒菜的乐趣,是卡萨帝让我们的生活变得多姿多彩!

没想到,因为卡萨帝,我们竟不小心打开了新生活的大门!

(晒单故事作者:雪月银杉)

扫二维码,
看晒单故事原文

扫二维码,
看晒单故事原文

精致高端工艺

| 用户：于女士
| 地点：北京
| 产品：346升朗度意式冰箱、欧式滚筒洗衣机
| 晒单时间：2016/12

速冻饺子有了安全的"家"

眼看着卡萨帝冰箱、洗衣机用得很满意，就想把家里的另外一个冰箱也换成卡萨帝的。

新房终于装修好了，我们迫不及待地把卡萨帝冰箱"请"回了家。

结果出乎我们预料，家里的门太窄了，冰箱进不来。带着遗憾我们只能换了一台小一点的卡萨帝冰箱。这里值得说的是卡萨帝的售后服务。我们在联系换购冰箱时，卡萨帝售后服务人员态度非常积极，原以为需要跑好多次才能解决，结果几个电话就解决了。有这样的贴心服务，买卡萨帝冰箱让我们觉得很放心。

冰箱用了一年了，这冰箱虽然个头不小，但运行起来却很安静，智能化程度也很高。它有几个运行模式可以选择，尤其是较长时间没有人在家时，冰箱可以设定为"假期模式"，这样节省能源，很环保，对人对己都好。

感受最突出的一点，还是要数卡萨帝冰箱的速冻功能。我们常常一边包饺子一边放到冰箱里速冻，等饺子包完了前面放进去的已经开始硬实了。由于工作原因，我们经常需要吃快餐，自从买了卡萨帝冰箱，我们包速冻饺子的数量显著增长。都是自己动手包的饺子，比外面卖的要好吃很多，这里面有卡萨帝冰箱的功劳。另外，卡萨帝冰箱的冷藏室里还有一个可调温的空间，非常方便实用，非常贴心。

这台卡萨帝冰箱一直运行得非常平稳，一年来从未出过问题。有一次家里停电了，我们又在外面回不去，心想这下可完了，我的饺子一定变馅饼了。没想到回去后，打开冰箱一看，饺子都还安然无恙，心里一下就踏实了。这也说明卡萨帝冰箱的密封工艺做得真的很好。另外，我最喜欢这个冰箱的抽屉，抽拉不费力，一开就可以拿食物了，十分人性化！

我家还买了一台卡萨帝的洗衣机，运行静音，洗得干净，洗完的衣服还没有褶皱。

最近又发现了它一个新优点。以前我不敢

精致高端工艺

把羊绒衫和丝质的衣服放到洗衣机里洗,前不久,我叫儿子把衣服放洗衣机里,儿子就把我的羊绒衫和丝质衬衫都塞进洗衣机里了。我当时不知道,透过洗衣机窗口,我看到了那堆衣服,心想我的衣服完了。洗完后,我迫不及待地拿出衣服,一抖衣服,发现竟没有抽丝。

之后我也试着用卡萨帝洗衣机洗这类衣物,还没有出现损伤衣服的情况,卡萨帝洗衣机又帮我从一项家务中解脱出来,真该赞一个!

眼看着卡萨帝冰箱、洗衣机用得很满意,就想把家里的另外一个冰箱也换成卡萨帝的。

希望卡萨帝的质量能越来越好,服务越来越贴心!卡萨帝加油!

(晒单故事作者:于女士)

扫二维码,
看晒单故事原文

精致高端工艺

- 用户：宗杰
- 地点：山东青岛
- 产品：幂级云裳滚筒洗干一体机
- 晒单时间：2018/02

婆婆推荐给我，
我推荐给朋友

如果一个品牌能做到让一个家庭把它的产品传承下去，就是真正的好产品、好品牌！卡萨帝做到了！

去年下半年，新房终于在婆婆的精心规划下完成了装修，接下来就是添置家电了。婆婆一向是个讲究生活品质的人，我本以为在家电选择上，婆婆也定会给我们上一节大课，针对每个品牌都进行一番分析比较。可事实证明，我想错了。这次婆婆直接给我们推荐了卡萨帝。

对于卡萨帝这个品牌，我其实不太了解，只知道是个不错的品牌，属于海尔的高端系列。对于海尔，我还是很认可的。海尔，可以说是从我小时起就影响着我们生活的品牌，记得家里第一台洗衣机就是海尔的，是家里的好帮手，一直用了很多年。说实话，没结婚之前对家电品牌也不关注，虽然家里有海尔的电器，但对卡萨帝的确了解得比较少。

但我想，像婆婆这么讲究生活品质的人，能把家里的电器都换成一个品牌，就足以说明她对这个品牌不光是信赖，已经是喜爱了。婆婆家里的电器大部分是卡萨帝的，电视、洗衣机、空调、冰箱……卡萨帝也确实给婆婆的家庭带来了很大方便。所以说，婆婆推荐的肯定不会错！

为了紧跟婆婆的步伐，我们随即也为家里购置了卡萨帝的电视和空调。使用之后，真的对卡萨帝十分满意。首先外观是没得挑，简约大气，材质一看就比较有质感；其次也确实耐用，我家里用东西比较糙，我老公更是一个"糙人"，但卡萨帝是老公都觉得特耐用的产品，质量可想而知了。

卡萨帝的电视色彩十分真实。我本身就

精致高端工艺

不太喜欢看起来颜色特别亮丽的显示屏，我追求的是那种看起来有色彩、也更真实的显像效果，因为看起来更舒服。而卡萨帝的电视就做到了这一点，令我很喜欢。还有家里的卡萨帝立式空调，白色的柱型不死板，看起来充满了流动感，都可以作为一件装饰品了。开机后制冷制暖也比较快，风速均匀，噪音非常小。

再来说下最近刚入手的卡萨帝洗衣机，是我的大爱！当初购买的时候，主要是它空气洗的功能吸引了我。首先想到的是我经常出去吃饭，比较爱吃火锅一类，但每次吃完了出来都一身味道，比较尴尬，羊绒衫送去干洗也比较麻烦，经常为此苦恼。但自从有了空气洗功能，真省去了我很多麻烦，让我的生活更精致了！

真的很感谢卡萨帝带给我的精致生活。

如果一个品牌能做到让一个家庭把它的产品传承下去，就是真正的好产品、好品牌！卡萨帝做到了！

我的婆婆把它推荐给了我，未来我也会把它推荐给我的孩子，推荐给我的家人、朋友。一个人推荐给另一个人，让它到达千家万户。

（晒单故事作者：宗杰）

扫二维码，
看晒单故事原文

精致高端工艺

- 用户：王女士
- 地点：吉林白山
- 产品：445升云珍意式冰箱
- 晒单时间：2017/10

妈妈推荐我用卡萨帝

也许有些人会认为这款三开门冰箱不算便宜，但是它真的是质量超级好，用起来超级人性化，不用担心它的品质问题。

我和卡萨帝的邂逅不是在商场中的偶然遇见，更不是导购人员的介绍，而是母亲的强烈推荐！

去年，母亲搬新家，买了一款某品牌冰箱，价格也不低，可回家用了不到一个月就频频出问题。售后人员说难保这种现象不会越来越严重，于是母亲想换成其他冰箱。

当时，母亲一眼看中了这款卡萨帝冰箱，得知它是国际高端品牌，还有干湿分离功能，便毫不犹豫地决定了换成这款冰箱。

将近一年的使用，母亲越来越认可这款卡萨帝冰箱，为当初的决定感到庆幸。于是推荐我今年搬新家一定要购买这款卡萨帝冰箱，体验一下这款冰箱带来的别致生活！

于是我来到商场，什么产品也不看，直接奔向我心目中喜欢许久的卡萨帝冰箱。导购员在向我介绍这款卡萨帝冰箱的功能和性能时，我竟和导购员畅谈了起来。她说你怎么这么了解这款冰箱啊？我说我已经爱慕它许久了，哈哈！

也许有些人会认为这款三开门冰箱不算便宜，但是它真的是质量超级好，用起来超级人性化，不用担心它的品质问题。至于它不及双开门容量那么大的问题，我觉得够用就好。这款冰箱很高，里面设计非常合理，可以很好地储存食物，足够用了。

特别是对于我家这种餐厅和厨房在一起，空间不是特别大的格局，这样的冰箱最能合理化地帮我们解决空间问题。外部空间上，这款冰箱不占地方；内部空间里，有足够的容量让我们储存食物。

精致高端工艺

还有它的外观,真可以用"高大上"来形容。深灰色本身就显得高档,再配上这种高品质工艺,让你看到卡萨帝冰箱的外表就能联想到高格调的品质生活。我家属于美式装修,卡萨帝这款冰箱正好和我家的装修风格非常吻合。橱柜是白色的,餐桌椅也是白色的,正好用这款冰箱的深色来调一下整个厨房餐厅的颜色,成为非常协调的一种搭配!

使用过程中,我真正明白了母亲为何强烈推荐。因为它不仅外观"高大上",功能更是多样且人性化。我尤其喜欢零度保鲜功能,青菜放一个月都不坏,水分也不流失,特别适合不能经常去买菜的上班族!还有干湿分离功能,可以根据食物特点来分别储藏食物。如果不小心忘记关冰箱门,它还会自动提示,不必担心储存的食品受影响。

卡萨帝的售后据说也特别贴心,虽然现在还没有机会体会到。但购买时服务员的专业性介绍,还有会员平台的积分换礼活动,都让我的整个消费和使用过程特别愉悦!

我和卡萨帝一起走过每一天的精致生活,希望以后卡萨帝可以生产出更多的好产品,走进千家万户!

(晒单故事作者:王女士)

(头像为用户家人)

扫二维码,
看晒单故事原文

- 用户：刘女士
- 地点：江苏淮安
- 产品：621升朗度T型冰箱
  云鼎柜式空调
  卡萨帝云鼎空调—豪华版（柜机）
- 晒单时间：2017/09

样机都没见，我就选了卡萨帝

超级满意的冰箱使用体验让我们对于卡萨帝的印象有了更进一步的提升。

十多年前，我家就花大价钱买了一台高端洗衣机，用了那么久一点问题都没有，第一次让我明白了"高端"的意义。所以当家里要换冰箱的时候，我们也直奔高端品牌而去。也就在那时，我们无意中结识了卡萨帝。

卡萨帝外观漂亮、大气，是那种令人一见钟情的美！后来父母带着我们对比了卡萨帝和其他品牌，我们发现卡萨帝的确在造型和功能上都走在了家电品牌的前端，于是最终选择了它！

621升冰箱这个大家伙是两个送货师傅硬生生背上四楼的，师傅们真的辛苦了！看冰箱样机时，我就觉得内部设计合理，外形美观，颜色材质大气，内存空间很大，等到实体机搬回家后才真正体会了什么叫霸气！

冰箱不仅颜色低调奢华，整体"高大上"，使用感觉就更没得说了。冰箱超级静音，安静到感觉不到它的存在；冷藏室的空间高低也可以自己做调整，非常实用；最难得的是没有异味，哪怕是存放榴莲这种气味很"强势"的食物，再拿出来的时候你会发现冰箱居然没有榴莲的臭味，简直太棒了！

超级满意的冰箱使用体验让我们对于卡萨帝的印象有了更进一步的提升。

2017年5月，我们处理掉了家里的两台旧空调，开始着手选购新空调为入夏作准备。去逛了很多品牌，竟没有一眼就看好的。这时候我亲爱的老公突然发现旁边专柜低调地挂着一款深色挂机，上面的品牌标志和家里的冰箱一样。我们才惊喜地发现卡萨帝居然也有空调！

精致高端工艺

用户所用空调家中实景

当下，我们就决定买这台卡萨帝的挂机，可家里还缺一台柜机。当时，专柜上卡萨帝柜机连样机都没有，只有海报。因为信任卡萨帝的品质，我们立刻就预订了。等安装好后，发现卡萨帝果然没有让我们失望，颜色、造型、功能都是顶尖的，质感非常上档次。夏天来家里做客的人第一眼看到的都是这台空调，第一反应都是：这个很贵吧？

卡萨帝空调让我的身体感觉很舒适，自然的凉风吹在身上，不会有普通空调的冰冷感觉。而且买了卡萨帝空调之后，可以节约很多东西。它自带空气净化器、加湿器，还有香氛功能，空气净化功能可以隔绝PM2.5；空调本身可以设定保持最佳湿度，也可以根据需求自行调整加湿功能，再不会干燥难耐；香氛功能在夏天真的让人身心愉悦。而且空调运行起来真的超级安静，室外机也没有一点噪音。

后来我家那个服役10年的老洗衣机，也因为皮带松脱变得噪音大，我们也把它换成了卡萨帝。有了空气洗功能，再也不用担心贵重的衣物清洗时被损伤了，沾上异味也可用空气洗解决，实在是太实用了！

（晒单故事作者：刘女士）

扫二维码，
看晒单故事原文

扫二维码，
看晒单故事原文

精致高端工艺

- | 用户：王女士
- | 地点：山东潍坊
- | 产品：520升F+自由嵌入式冰箱
       紫精灵迷你波轮洗衣机
- | 晒单时间：2018/03

家的味道

我婆婆每天有更多时间给我们做好吃的以及锻炼身体，孩子们每天有干净舒爽的衣服穿在身上，我也有更多的时间好好休息，这都是卡萨帝的精致产品带给我们的实实在在的方便！

精致高端工艺

之前儿子是我自己带，后来二宝要出生，婆婆就搬过来照顾我们，家里必须要更换和添置不少家电了。

婆婆是西北人，会做很多的美食。为了照顾怀孕的我和正在长身体的儿子，婆婆每天买很多菜，变着花样给我们做好吃的，因此需要更换大冰箱。我们一家在商场逛来逛去，最终看中了卡萨帝，并把它抱回了家。

婆婆不吃海鲜，可大宝又非常喜欢吃。原来冰箱小，都是现吃现买，现在一次可以购置很多海鲜存储。二宝到来后，冰箱冷藏保鲜母乳的功能又帮了我大忙；另外卡萨帝温度设定方便稳定，过年时朋友送的速食太多，可直接调节温度使冷冻室变大一倍。使用体验这么出色，婆婆高兴地说她也想回去买一个！

跟冰箱一起购买的，还有一款紫精灵迷你洗衣机。

在专柜乍一看，就被它漂亮的外观迷住了，白色机身干净清爽。听了销售人员介绍，我也觉得宝宝和大人的衣服分开洗很有必要，很多像我们一样的二胎家庭选择了这个小洗衣机。卡萨帝这台洗衣机是纯钢内胆，不易滋生细菌，老公非常欣喜，当下就买了。可以洗宝宝的衣物和尿布，懒人一族的内衣也可以直接扔进去，实在是宝妈的福音。

因为二宝的到来家里忙成一团，没有太多时间出门，都是朋友过来我家玩，我婆婆就做了好多美食招待她们。朋友们赞叹美味的同时，对卡萨帝也非常有兴趣，于是我重点介绍了我们家的冰箱和给二宝洗尿布的小洗衣机。有了它们，我婆婆每天有更多时间给我们做好吃的以及锻炼身体，孩子们每天有干净舒爽的衣服穿在身上，我也有更多的时间好好休息，这都是卡萨帝的精致产品带给我们的实实在在的方便！

我在注册会员时看到有代言活动，很高兴能将自己喜欢的产品分享给大家，因为冰箱承载了家的味道。

（晒单故事作者：王女士）

（头像为用户家人）

扫二维码，
看晒单故事原文

扫二维码，
看晒单故事原文

精致高端工艺

- 用户：杨女士
- 地点：安徽合肥
- 产品：欧式云裳滚筒洗衣机
- 晒单时间：2018/04

远超预期的洗衣机

现在吃完火锅再不用把衣服送去干洗店了，完全可以用卡萨帝洗衣机完成清洗，还不耽误第二天穿着，这样每年省下来的干洗费用就不少钱了。

从确定结婚日期那天起，我就决定了，要做一个优雅的已婚人士——不想每天着急忙慌地处理家庭事务；不想累得气喘吁吁地干家务活；不想因为家电的原因，导致新家的装修留有遗憾。因此，家电的外观也是我们考量的一个重点。

在挑选家具家电上，我更多地考虑外观大气、功能实用、质量完美和操作更加人性化等几个方面。而刚开始看洗衣机，相中了一个日本品牌，觉得还不错。本着货比三家的原则，才看到了卡萨帝。虽然卡萨帝这款比日本品牌还要贵两三千，但是在我考虑的几个方面上都远超我的预期。

再者，考虑到洗衣机属于常用家电，差不多一两天就要使用一次，所以质量和功能上必须要好，因此，也没有过多犹豫直接下单购买了。因为家里装修尚未完善，所以购买后这台洗衣机在商场里面放置了将近一年时间。婚期将至，才将家电送往家中。

送来之后，我看着洗衣机小巧的身型，疑惑它怎么能洗这么多的衣物呢？但是打开一看，里面空间很大，彩色触摸屏，操作便捷，洗衣模式丰富，让洗衣服变得很简单，不像以前老式按钮洗衣机，选择洗衣模式要纠结很久。

更好用的是空气洗功能。现在吃完火锅再不用把衣服送去干洗店了，完全可以用卡萨帝洗衣机完成清洗，还不耽误第二天穿着，这样每年省下来的干洗费用也不算少了。

还要表扬一下这款洗衣机的颜色。一点儿不俗气，正好跟冰箱颜色搭配，非常漂亮。

精致高端工艺

人生如此匆匆,既要为以后的生活奋斗,也要为以前的生活埋单。这就使得很多人在做选择的时候过于简单和急躁,没有细细地去比较各种东西的优点和缺点,最终匆匆而定,却在将来长时间的使用中后悔和抱怨。

反过来说,有时候也会因为过多的思考,过多的纠结,反而使自己错过了一件完美的艺术品。所以本着一颗淡然处之、知足常乐的心就好了。

(晒单故事作者:杨女士)

扫二维码,
看晒单故事原文

精致高端工艺

- 用户：胡先生
- 地点：辽宁沈阳
- 产品：360升云珍意式冰箱
- 晒单时间：2018/05

为你写诗

冷藏真无水，冷冻真无冰，清理真容易，选择卡萨帝，无悔。

新房装修，老婆负责选家电，我负责选装修材料，真是跑断腿呀！最后，老婆选择了卡萨帝冰箱。

原来家里有个德国品牌冰箱，还有亲戚家也是这个品牌冰箱，号称无霜。结果买回家后几个月就得除一次冰，每一次除冰就得将冷冻室里的食物折腾一番。冷藏室内风冷总是积水，搞得我一直以为自己的冰箱是不是箱顶漏水，总是得擦水，一不擦，菜和水果很快就腐烂了。小心翼翼地使用着，三年后压缩机还是坏了！虽然在质保期内更换没花钱，但真是买了个麻烦回家。

现在用卡萨帝已经一年了，卡萨帝正面的玻璃面板轻轻一擦就干净，且用了一年从未清理过冷冻室，冷冻室里居然没见过一粒冰，再也不用烦心冷冻结冰影响使用增加能耗了，真的好维护。

冰箱内部划分合理，设计一流。冷藏室既有隔离的空间，可以放置丈人的胰岛素，又可以防止串味，用不完的调料都可以安心存放。冷藏室还可以智能选择食材保存方法。冷冻室有冷冻盘又有冷冻箱，可以灵活选择放置方式，真是太方便了，而且食物冷冻后表面也很少结冰。最重要的是冰箱冷冻室真的没有冰。

有一次儿子的一瓶奶饮料被遗忘在冰箱里，等发现时候，饮料已经洒出来凝结成冻状，用钢丝球、清洁剂猛擦，发现很好清洁，一点痕迹都没留下。

相信我的选择，相信卡萨帝。装修选电器，再也不用跑断腿，快选卡萨帝吧！ 选择卡萨帝不后悔。

冷藏真无水，冷冻真无冰，清理真容易，选择卡萨帝，无悔。

卡萨帝加油！

（晒单故事作者：胡先生）

扫二维码，
看晒单故事原文

精致高端工艺

- 用户：黄春娇
- 地点：江西萍乡
- 产品：346升朗度意式冰箱
- 晒单时间：2016/06

无法言语的幸福

每次从卡萨帝冰箱中拿出儿子最中意的食材，做出儿子最喜欢吃的食物，然后一口一口喂他吃光，那种幸福感和满足感充斥全身，无法言语。

　　带着老婆和儿子在商场中闲逛，从生鲜区到家电区，无意间又来到了那台给我家带来幸福和满足的卡萨帝冰箱面前。看着这台冰箱，回想起它陪伴我们的点点滴滴，犹如电影般一幕幕浮现在我眼前……

　　去年春天，一个天使般的小精灵降临人间，在兴奋之余又多了一份呵护这个小精灵的责任。一直都想给他我能给予的最好的东西，因此冰箱里更是塞满我认为适合做给儿子吃的食材。一段时间后我却发现，冰箱冷藏区的食

精致高端工艺

材放不了几天就会变得不新鲜，但儿子娇弱的肠胃又必须食用新鲜的食物。同时由于冰箱食材堆得太多，导致冰箱结霜严重。于是到了夏天，忍无可忍的我终于萌发了想换一台容积大一点、功能区分明显、不会结霜而且能保证食材绝对新鲜的冰箱。

后来，带着这些我认为很简单的要求在电器卖场寻觅了好久，却一直没有发现合适的冰箱。

直到有一天，我继续带着老婆、儿子在电器卖场闲逛时，一台泛发着迷人金属光泽的卡萨帝346升冰箱出现在我面前，那种内敛的奢华让我好感倍增。询问销售人员后，我发现这台卡萨帝冰箱采用风冷无霜技术，能保证冰箱内壁不再因凝露积水而结厚厚的一层霜；保湿双循环和变温室功能也可以杜绝冷藏与冷冻之间的串味，还能根据不同食物种类设定最适宜的存储温度，确保食材绝对新鲜和营养不缺失。

打开冰箱门，可以看出卡萨帝在人性化设计方面也下了不少功夫：折叠隔板、抽屉式冷冻室等细节方面做得恰到好处；346升的超大存储空间让我有了更大的发挥余地，再也不用担心放不下采购回来的食材了；智能变频技术使得压缩机的噪音更低、更节能。在提倡绿色环保生活的今天，还有什么冰箱比这台更好的呢？

说到做到，立马刷卡填单买下。第二天送货师傅就把心仪的冰箱送到了我的家，不但帮我把冰箱安装调试到位，还教了不少冰箱的日常使用保养知识，让我非常满意。

到今天，卡萨帝冰箱已经在我家持续运转一年左右，每次从卡萨帝冰箱中拿出儿子最中意的食材，做出儿子最喜欢吃的食物，然后一口一口喂他吃光，那种幸福感和满足感充斥全身，无法言语。

谢谢你，卡萨帝！

（晒单故事为黄女士老公所作）

扫二维码，
看晒单故事原文

精致高端工艺

- 用户：王明增
- 地点：山东烟台
- 产品：360升云珍意式冰箱
- 晒单时间：2018/05

对细节，
卡萨帝做到近乎完美

卡萨帝给我的生活带来了诸多便捷，可以说是目前最理想的冰箱！

    对卡萨帝这个品牌的认知，是在两个月以前才开始的。

    筹备婚礼，家具、家电是必不可少的，家具还容易挑选，只要无毒环保、质量好就可以。但买家用电器可费了不少事，电视、空调、洗衣机和一些厨房小电器陆陆续续都置办齐了，购买冰箱时却出现了分歧。

    开始想选咱们国产老品牌海尔，感觉冰箱还是海尔好，父母家也是一直用海尔冰箱，但我对象却觉得可以尝试一个别的品牌。因为爱情的缘故吧，我听从了对象的建议，去商场选冰箱时就没去海尔区域看。走了不少家也学到了不少如何选择好冰箱的知识：有顶置压缩机的，因为下面没有压缩机了所以冷冻空间大；有下置压缩机的，保鲜冷藏空间大。后来因为我们想要一个冷冻空间大的，看好了顶置压缩机的一个日本品牌的冰箱，当时都打算付款了，可出于对海尔的情怀，我还是带对象去了海尔区看了看。

    冰箱这东西一年四季都要用，所以我们认为品牌口碑很重要。导购员得知了我们的需求后，推荐了卡萨帝。刚看到卡萨帝的外观就让人眼前一亮，后来通过销售人员的介绍，我们了解到原来卡萨帝是国际高端品牌，这加深了我想了解它的兴趣。

    仔细看看卡萨帝，外表的弧度面钢化玻

精致高端工艺

璃尺显高贵大气，内置的光源灯也是慢慢由暗渐亮的，开冰箱时候柔和不刺眼。区域分配更是相当合理：有果蔬保鲜区，很好地保证了风冷冰箱中食物水分不流失；中间是变温区，有0℃保鲜、零下4℃软冷冻，以及零下12℃冷冻可调。如果冷冻空间不够可以把变温区调成冷冻，正好满足了我想要大容量冷冻的初衷，冷冻空间够大，平时用足够了。再看看卡萨帝的一些小细节，滑道的用料和工艺、冷冻盒的材质、边缘圆滑的棱角……对于细节的把控卡萨帝做到了近乎完美。所以，我果断放弃日本进口品牌，选了卡萨帝。

使用了一段时间后，我发现卡萨帝的多温区控制，不仅可以很好地储存酒水饮料以及一些干果，还可以储存鲜果。把水果放在保鲜区的盒子里，放一个星期拿出来还和刚买的时候一样新鲜，这是我亲自试过的。还可无线网络智能管理冰箱，不管你在何时何地只要有网络信号就能管理自己的冰箱，随时控制冰箱温度。

总之，卡萨帝给我的生活带来了诸多便捷，可以说是目前最理想的冰箱！

（晒单故事作者：王明增）

扫二维码，
看晒单故事原文

精致高端工艺

- 用户：周先生
- 地点：河北邢台
- 产品：双子云裳滚筒洗衣机
  云鼎柜式空调
  卡萨帝云鼎空调—豪华版（挂机）
- 晒单时间：2017/12

"三高"产品，品质生活

好的产品，改变了我的人生，让我更加努力地为更好的生活去奋斗、去努力，这就是卡萨帝的精神所在。

我与卡萨帝结识于2017年。家里中央空调老化，供暖不行，才萌生了购买空调过冬的想法。店员为我推荐了最新的卡萨帝柜机。

空调是整体流线型的设计，中间悬空处理，风从缝隙中吹出来，很有新意。除霾和加湿功能适合秋冬雾霾很重的北方，另外也解决了吹空调容易干燥的问题。家人一致觉得这款卡萨帝空调很好，于是我们当场买了两台卡萨帝。

卡萨帝空调装好后，使用感觉非常棒。雾霾灯很灵敏，可以根据颜色的变幻来显示家里的空气质量：绿色代表空气质量良好，红色表示雾霾严重空气质量差，紫色代表空气质量一般。空气加湿器也很不错：水箱没有水，红色水箱灯就会显示报警；喷出的加湿气体很舒适，冬天再也不会感觉干燥，不容易感冒上火

了。空调本身可以设定湿度，我一般默认选择54%的湿度，正好适合人体需要。一旦达不到这个湿度空调就会自动启动加湿器功能，直到达到预设的湿度。

一个好的产品，不但需要性能优良，而且外观设计理念也必须出众。我家选择的香槟金颜色，大气高端，符合我家的装修风格。

另外，卡萨帝空调售后周到细致。有不会使用或者操作不当的时候，直接联系售后，卡萨帝马上会派人上门指导使用、解决问题，服务贴心又周到。

基于卡萨帝空调的良好体验，今年家里又购买了一台卡萨帝双子洗衣机，还是选择了香槟金，和空调正好搭配。卡萨帝不愧是国际高端品牌，双滚筒分开洗开创先河，操作简单更

精致高端工艺

实用,家里人都爱洗衣服了。

卡萨帝的会员活动很多,购买的产品可以注册并积分。除了提供会员专属的服务以外,积分还可以兑换很多礼品,我就用积分兑换了锅具,性价比很好,还可以延长保修服务,真是一举多得。

高品质生活是什么?是生活品质提高,生活方式便捷,让我可以有更多的时间去享受生活。

那么,卡萨帝就是这样一款高品质生活需要的产品,颜值高、品质高、科技含量高——标准的"三高"产品。

好的产品,改变了我的人生,让我更加努力地为更好的生活去奋斗、去努力,这就是卡萨帝的精神所在。

我爱卡萨帝,更爱我的生活。

(晒单故事作者:周先生)

扫二维码,
看晒单故事原文

扫二维码,
看晒单故事原文

精致高端工艺

用户撰写"善行天下"称赞卡萨帝热水器

2018年4月24日,卡萨帝收到了一份特殊的礼物:一幅书法作品,上书"善行天下"四个毛笔字。用户用无言的作品表达出了对卡萨帝贴心七星级服务的感谢,也道出了对卡萨帝热水器原创科技的赞叹!

这幅字画出自陕西省文化厅前任处长兼陕西省摄影家协会前任主席丁慎忠之手。而这故事起源就是一台卡萨帝热水器。

作为此次故事的主角——卡萨帝钛金电热水器,在全行业率先采用独创的钛金加热管,钛金材质强度高、耐腐蚀、耐高温,可实现零腐蚀,并首次实现了持续十年加热效率不降低。卡萨帝将艺术融入冷冰冰的钢铁零件,让严肃寡言的机械也有了生活的温度。

卡萨帝通过社群交互发现了用户对智能按需加热的需求,以及对自来水管路二次污染问题的担忧,卡萨帝破解痛点、满足高端用户的多重洗浴需求,还以智能抑菌、超大水量等前沿功能设计,颠覆了用户对传统电热水器的普遍认知,为精英用户提供更加智能化的上佳洗浴体验。

卡萨帝以用户最终需求为目的,赋予了产品全球领先的高端科技,为每一个高端用户提供了完美的用水解决方案。

摘自:卡萨帝生活公众号

扫二维码,
看晒单故事原文

精致高端工艺

四年惊喜，终身信赖

家住辽宁大连的宋先生又搬回了一台卡萨帝洗衣机。

为什么要说"又"？四年前，新婚的宋先生就将太太和第一台卡萨帝一同带回了家。四年来的使用体验，让宋先生将家里的全部家电陆续换成了卡萨帝。

说起卡萨帝，宋先生兴奋地回忆道："我第一次用卡萨帝洗衣机是在婚礼第二天，婚礼当天穿的白衬衫领子和袖口都是汗渍，我就把它扔进了卡萨帝洗衣机，当时也没期望能洗干净，结果洗完拿出来一看，衬衫跟新买的一样，简直太惊喜了！"

这台洗衣机使用了四年后，宋先生又关注了卡萨帝新出的双子洗衣机。钢骨一体化的稳定机身和一机双筒的分区洗护一下子就吸引了宋先生，于是很快也把它搬回了家。

自从换了双子洗衣机，宋先生的儿子也主动要求自己洗衣服了，每次都要自己把脏衣服放进上面的筒里。

"我和爱人回家晚，也不用为了分类洗而等很久了，一个程序下来，两筒衣服都洗好了，我们有更多的时间去读书、陪孩子，规划工作，生活非常方便。"四年的使用体验，让宋先生对卡萨帝品牌有了充分的认可与信赖。

摘自：卡萨帝生活公众号

扫二维码，
看晒单故事原文

亲水的艺术

- 用户画像：成都·刘女士·大平层
- 产品方案：卡萨帝燃气热水器天籁系列
- 品味生活：卡萨帝热水器用着特别舒服省心，再也不担心热水器的爆燃声音会惊着宝宝了，而且在洗的过程中也能保持恒温。

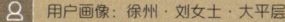

- 用户画像：徐州·刘女士·大平层
- 产品方案：卡萨帝燃气热水器CT1系列
- 品味生活：这是一台专为婴儿设计的热水器。恒温效果特别好，从来不会忽冷忽热。现在马上要生二宝，新房装修还要选卡萨帝。

- 用户画像：武汉·张先生·别墅
- 产品方案：铭钻电热水器、星云嵌入式电烤箱、云典直吸式吸油烟机、云典嵌入式燃气灶、卡萨帝黑晶消毒柜、洗衣机、冰箱
- 品味生活：60升大容量水量充足，瞬热技术让洗澡无忧。

亲水的艺术

- 用户画像：唐山·王先生·别墅
- 产品方案：八台卡萨帝天沐pro热水器
- 品味生活：三层别墅，八个卫生间，随处享受。

- 用户画像：唐山·郝女士·跃层住宅
- 产品方案：天沐mini一台、天沐hot一台、天沐spa一台
- 品味生活：天沐mini用于全家人洗浴，天沐hot便于给小孩冲奶粉（孩子一岁），天沐spa用于软化生活用水水质。

第五篇 七星高端服务

卡萨帝始终秉承这样一个理念：只有全流程的高端，才是真正的高端。

为了打造全流程高端体验，卡萨帝凭借高瞻远瞩的战略坚持，建立了全球首个智慧云服务平台，创立了世界高端家电首个七星级服务标准。

卡萨帝七星级服务标准，突破了传统家电行业仅能提供单一维修服务的短板，从交互、设计、研发到制造、销售、服务，从售前、售中到售后，全流程全方位一体化的管家式高端服务满足了用户高端体验：为用户提供免费上门设计、免费检测水电、产品送装一体、免安装材料费、免费清洗、用户关爱、贵宾用户终身保修——这就是卡萨帝给用户带来的终身极致关怀。

卡萨帝引领全球的高端服务能力，让用户在使用高端产品的同时享受到完美、高品质的生活。

用户：匡玉清
地点：广东深圳
产品：435升云珍多门冰箱
　　　超静音燃气热水器
晒单时间：2017/05

因为亲子活动，我认识了卡萨帝

现在，只要亲朋好友来到我家里看到卡萨帝都赞不绝口。

在购买卡萨帝之前，我是不了解卡萨帝的。不过因为喜欢看谢霆锋的《十二道锋味》，发现节目里有卡萨帝的身影，才知道了这个品牌。我很喜欢谢霆锋，觉得谢霆锋特别有个性，喜欢做的事情都会做到极致，并且谢霆锋现在代言的产品已经非常少了，如果不是他认为真的很好，也不会使用并推荐的。也就是从那时起，我开始留意起卡萨帝品牌及其产品。

一次偶然的机会，我报名参加了一场卡萨帝赞助的中心公园5千米跑步活动。活动设置的展区里陈列了卡萨帝系列的冰箱、洗衣机、空调、热水器、厨电系列等产品。最吸引眼球的就是双子洗衣机，太漂亮了，水晶般的外观令人挪不开眼睛。后来在商场里面，我又亲自见证了卡萨帝洗衣机稳定性的现场测试。当我看到工作人员把装满水的杯子层层叠叠地放在演示机上，启动洗衣机后杯子里的水一滴都没有洒出来时，我被彻底震撼了。

再后来，每年卡萨帝的活动我都去参加。每当看到别人带着几岁的宝宝一起参加，我都觉得名次其实不重要，活动重在参与。多参加这样的活动能让孩子有社会责任感，而不是整天被关在一个小范围活动的圈子里。

最近一次的活动是去深圳的凤凰山做环境小卫士，带着小袋子清理山上的垃圾。这个活动我认为很好，首先生命在于运动，爬山可以消耗很多的卡路里，而且山上的风景也很好，空气新鲜。这次的活动是亲子系列，所以我带着我的宝宝一起参与了。现在她才几个月大，只能在我的怀抱中吃了睡，睡醒了看着别人累

七星高端服务

并快乐地捡垃圾。这种活动很有意义,我想等我的宝宝再大一点,还要继续带她参加这种活动。也就是在这一次次的活动中,卡萨帝在我心里的信任度慢慢积累了起来。

2017年3月,我家换了新房,购买家电时完全没有考虑别的品牌,首选卡萨帝。买了卡萨帝超静音燃气热水器,这个热水器安全性能很高,之前看到过很多因为热水器触电而造成的事故,所以我认为买热水器就是要买安全性能高的!并且这款热水器不会忽冷忽热,夏天恒温在43℃,这个温度刚刚好。还买了435升的云珍多门冰箱,它的颜色是香槟金色,绝对高端大气上档次。深圳的天气较热,即便新家的厨房小到放不下大冰箱,但我们还是决定买下它,主要是因为卡萨帝冰箱设计合理,抽屉空间大,冷藏功能分区多,化妆品、水果、鱼、肉类不串味,一天还用不到1度电,百分之百满意。

现在,只要亲朋好友来到我家里看到卡萨帝都赞不绝口。我以后也一定会把卡萨帝推荐给更多人,毕竟产品好不好,只有使用过的人才有资格评价。

(晒单故事作者:匡玉清)

扫二维码,
看晒单故事原文

七星高端服务

- 用户：豆丁
- 地点：辽宁大连
- 产品：627升朗度双开门冰箱
- 晒单时间：2017/06

从楼上吊下来了冰箱

感谢卡萨帝的工作人员！以后我还会一如既往地支持卡萨帝！

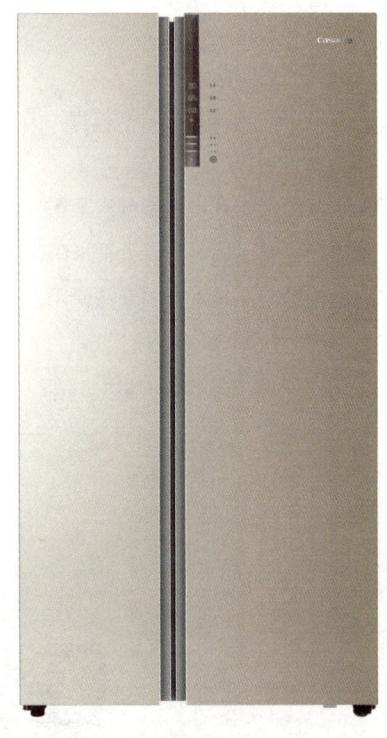

从小我家就有一台海尔的冰箱，多年使用下来，没出现过大问题，使用体验非常好，是我家生活的"大功臣"之一。直到2017年6月中旬，我家改善生活环境，购入了一套下跃式的住宅，需要重新添置家电，原来的老冰箱才光荣"退休"。

对于我妈妈来说，冰箱是家里最不可缺少的家电。看了好多款式，才最终认定卡萨帝朗度双开门冰箱是最适合我们家的产品。主要原因是我家冰箱预留位置的左侧有吧台，冰箱门只能呈95度至97度打开，左挑右选，发现只有卡萨帝的设计最符合我家需求。

对于卡萨帝的这款冰箱，我个人觉得非常不错，但是妈妈觉得有点贵了。为了说服妈妈，我特意去网络上查询了一些卡萨帝的品牌信息。通过查询，我对卡萨帝也有了更深入的了解，原来卡萨帝是源自意式生活灵感的高端家电品牌。而对于我们现代家居来说，家电不

七星高端服务

应只给我们带来功能和价值，更应该像一件艺术品或收藏品。于是在我的说服和坚持下，妈妈最终也被卡萨帝所折服，购入了这款我非常心仪的产品。

可是一个问题解决了，新的问题又产生了。我家的房子是下跃式户型，下楼层没有门，但也是三米的层高，因此只能通过一个小型的洞口把冰箱送下去。问题是洞口预留不大，如果把楼梯安装上的话，那这个L型洞口就更没办法将冰箱送到楼下了。正在苦恼时，销售员热心地为我联系了客服，找了一位技术最好的送装师傅，打消了我的一切顾虑。

安装当天，我又一次见到了我的冰箱，这时候我才真正觉得冰箱实在是太大了，我内心又升起了隐隐的担心。安装师傅看出了我的心思，一边在旁劝慰我放心，一边量好尺寸后不断寻找着解决办法。最后师傅决定，量好洞口距离，三位男士在楼下接着，两位师傅在楼上用绳子吊着，一点一点地放下冰箱。为了不刮碰到已拆包装的冰箱，安装师傅还在侧面细心地垫好纸壳，后来随着下放的距离越来越远，师傅都趴在了地板上努力支撑着。安装完毕后，我感到十分不好意思，于是给师傅买了水，但师傅还是婉言谢绝了。当时我内心便感叹卡萨帝的售后果然既专业又敬业！

这就是卡萨帝冰箱来到我家的故事，感谢卡萨帝的工作人员！以后我还会一如既往地支持卡萨帝！

（晒单故事作者：豆丁）

扫二维码，
看晒单故事原文

七星高端服务

- 用户：孙女士
- 地点：山东青岛
- 产品：直吸式吸油烟机
  天悦嵌入式燃气灶
  360升云珍意式冰箱
  双子云裳滚筒洗衣机
- 晒单时间：2017/12

提意见？编不出来！

我要向我的朋友通通推荐卡萨帝，好东西就应该分享。

用户家中实景

这回购买卡萨帝的经历很顺心。

我们买了一台双子洗衣机、冰箱还有吸油烟机、打火灶。送货很及时，安装的师傅全程笑脸，没有丝毫不耐烦，拆包裹还在门外拆的，说他下楼的时候直接给我送到楼下，省得我还要单独跑一趟了，我都要感动哭了。这样的细节都为客户考虑到了，这种服务我还第一次体验到。

七星高端服务

之前买家具的时候，就一个茶几和一个电视柜，满满一个客厅都不够安装师傅施展，弄得木屑、钉子、包装等杂物到处都是。师傅干一会歇一会，一会打孔不对他心意，木板斜了，面板不正了，都算妨碍他施展了。可卡萨帝的安装师傅就不同了，特别耐心，还不忘叮嘱我一些注意事项，全程没有不耐烦，干活利索，给个大大的赞！

由于新家装修，液化气管没有提前购买，师傅还特意告诉我应该买多粗的型号，让我购买好了及时联系他，他再过来给我把打火灶通气。完全没有像其他商家那样，只管大力宣传自己家的管件，不买就不给安装，安装也是一万个不乐意，能把人气死。卡萨帝的安装师傅就不乱推销东西，没有额外收费项目，全程免费安装。

由于我们自己东西没有准备齐全，师傅还要再上门一次来安装，这些都是免费的，我都不敢相信！师傅走之前还留了电话，让我有问题及时联系他，他会来上门处理。现在很多服务只要上门都要上门费，50元到100元都有，很多都是问题还没处理，就先要个上门费。不合理收费太多，还是卡萨帝好，做好自己的企业，认真服务的态度一直没有改变。

师傅安装后，售后的回访电话打过来，问我对他们的服务是否满意，要我提意见。天啊，做得这么好还要提意见，我哪里有意见，夸奖还可以多说两句，意见这得编啊，要不真弄不出来。假如非要说的话，那就是期望卡萨帝更上一层楼吧，越做越好。我会一直信任卡萨帝的，因为你真的征服了我，我会一直默默地祝福你。

我要向我的朋友通通推荐卡萨帝，好东西就应该分享。我买卡萨帝也是朋友推荐的，新房装好了，我可得请她吃顿饭！

（晒单故事作者：孙女士）

扫二维码，
看晒单故事原文

七星高端服务

用户：杨女士
地点：辽宁大连
产品：卡萨帝云鼎空调—豪华版（柜机）
晒单时间：2018/03

一款只有
你想不到的空调

就冲这么优秀的产品和服务，我也要替卡萨帝代言，介绍给周围需要买家电的亲朋好友！

节后一次逛商场时，偶然看到造型外观大气、颜色靓丽的空调。了解后得知它的名字叫卡萨帝，是国际高端品牌，品质肯定没话说，于是我心里有了对卡萨帝最初的印象。

我有两个同学家里有卡萨帝的产品，一个是冰箱，一个是空调，使用体验都非常好。这更增加了我对卡萨帝的信心！

正好家里在筹划买柜式空调，所以我和老公就决定购买卡萨帝。产品当天订完，第二天上午就送货上门安装了，速度惊人。

安装的师傅们训练有素，文明礼貌。穿着整齐划一的工作服装，还没进门就先换上了鞋套。整个安装过程非常专业，就单说一个简单的打眼工作，他们也有专业装置来控制灰尘的飘落，之后也把那些遗落到装置外面的灰尘处理得非常干净。

今时今日，有这样的服务真是不易。就冲这么优秀的产品和服务，我也要替卡萨帝代言，介绍给周围需要买家电的亲朋好友！

安装之后，我就迫不及待地开始使用了。造型果真大气上档次，用料果真精良实在，颜色果真大方美观，空调效果不同凡响！

有了它，感觉家里又提升了一个档次，空调吹出的风也非常舒适。因为家里还有别的牌子的空调，到了夏天，跟卡萨帝的差距一下子就能感受到。楼下安装的其他品牌空调，开时间久了，就觉得特别凉，不太舒服；而楼上的卡萨帝则让人感受到自然风一般的凉爽，一点

七星高端服务

都没有冰冷刺骨的感觉。

还有,自动控湿的功能也非常棒,可以智能控制家里的湿度,也可以根据自己的要求调节,再也不怕长时间开空调家里空气干干的了。使用之后,我又把卡萨帝空调推荐给了我的姐姐和妹妹,她们也要在炎热的夏天到来之际购买柜式空调。

未来,我对卡萨帝的产品充满期待,希望卡萨帝能生产出更出色更先进的产品,我会成为卡萨帝忠实的追随者,让更多的朋友认识这个品牌。

(晒单故事作者:杨女士)

扫二维码,
看晒单故事原文

七星高端服务

- 用户：林晓敏
- 地点：山东威海
- 产品：622升朗度双开门冰箱
  欧式云裳滚筒洗衣机
  尚品3KW热水器
  卡萨帝云鼎空调—豪华版（柜机）
- 晒单时间：2018/01

由精致礼物引发的套购

卡萨帝的礼物都能做得这么好，那么卡萨帝家的东西一定不会差，一定是值得购买的。

我是无意间进入卡萨帝的官网，发现了这个代言活动。本着对卡萨帝冰箱的喜爱，所以决定加入进来。当初是我和老公在逛街时发现的卡萨帝冰箱，那时正赶上装修新家，就决定换换家电。

以前我用的冰箱都是单侧开门、容量小，经常没有足够的空间，东西都是压在一起放的。后来，我买了很多保鲜盒，准备放蔬菜和水果，可也是放一点就放不下了，搞得心情很不爽。因为我很喜欢整洁，所以每次想好好整理冰箱里的食材时，最后都会由于空间不够用而无处下手。所以，这次装修新房就一直想要换一台双开门的冰箱，而卡萨帝的外形和内部设计恰好满足了我对新冰箱的所有幻想及需求。

其实在这之前，我也看了很多双开门的冰箱，但一番比较下来我感觉还是更喜欢卡萨帝的这款朗度双开门冰箱。当销售人员告诉我这款冰箱还有零度保鲜的功能时，我更是喜欢得不得了！后来导购又实地给我演示了一下冰箱的冷冻功能，她拿出一块解冻板，把一块冰块放上去，冰块立马就融化了，但当她把这个解冻板放回冷冻里后，解冻板上的水又立马变成了冰块，真的是太神奇了，我都看蒙了！我当时就开始设想要怎么用这款冰箱：我要把保鲜层归类，奶制品矿泉水放一层，蔬菜放一层，水果放一层，这样既不会串味道，还达到了美观的效果。

正在我陷入如何规划冰箱的思绪里时，销售人员告诉了我一个更好的消息，就是我可以

七星高端服务

用户所用产品局部图

选择卡萨帝系列的套餐活动,因为卡萨帝还有冰箱、洗衣机、空调、热水器……这些不都是我现在需要的吗,新家当然要配新的家电了!随即销售人员又告诉我,选购卡萨帝套餐还可以参加积分兑换活动,其中有一款礼物是高端刀具。在销售人员的带领下,我在展柜里看到了这款刀具,亮闪闪的,做工精致,生菜、熟菜、剪刀等等配套齐全,甚是惹人喜爱,所以我当即决定套购卡萨帝!因为我觉得卡萨帝的礼物都能做得这么好,那么卡萨帝家的东西一定不会差,一定是值得购买的。所以最后我毫不犹豫地买下了卡萨帝的洗衣机、热水器和空调。

卡萨帝冰箱来到我家后,我发现这款冰箱门上的触摸屏是可以调节温度的,真是高端大气上档次啊,越看越喜欢这款冰箱了,现在想想都觉得当时买这款冰箱的决定是正确的!

现在我妈妈也买了新房,明年就开始装修了,我一定会向我妈妈推荐这款冰箱,让我妈妈也购买这款冰箱。因为它真的不仅仅是外观很好看,各项功能更是相当实用,所以我相信我妈妈一定也会很喜欢的!

(晒单故事作者:林晓敏)

扫二维码,
看晒单故事原文

七星高端服务

- 用户：辛小样
- 地点：辽宁营口
- 产品：欧式云裳滚筒洗衣机
  435升云珍多门冰箱
- 晒单时间：2017/12

除夕的服务

现在我的生活真的是离不开卡萨帝了，卡萨帝的售后服务简直太好了。

2017年10月份，我和先生步入了婚姻的殿堂。在装修购买家电时，我们首先看好了卡萨帝冰箱，谁曾想看完卡萨帝冰箱之后，其他品牌的冰箱真是入不了眼了！随后我们又看好了一款卡萨帝洗衣机，就一起购买了。买回家之后，发现和家里的装修风格真的很配，洗衣机放在家里也显得十分高端大气上档次。

由于房子是新装修的，结婚之后为了晾晾屋里的味道，我们一直没有住进去，直到今年2月份过年时家里来客人，我们才搬进去住。除夕当天早上，我想把家里的被罩床单都过水清洗一下，就一股脑儿地塞进了洗衣机里，心想着这房子也没有住过，东西都是全新的，就用15分钟速洗去去灰尘就好，设置好之后我就去清理别的地方了。

15分钟之后，我来晾晒时发现里面的衣物并

202

七星高端服务

没有甩干,依旧湿漉漉的,于是我重新选择了单项甩干,这才把它们洗好晾晒起来。我开始纳闷到底是哪里出了问题,为了寻找问题根源,我又把两套珊瑚绒睡衣家居服放在洗衣机里洗涤,过一会把睡衣拿出来时发现还是湿的,仍然没有甩干!这回我心里着急了,这大过年的,湿乎乎的衣服家里没地方晒不说,外面也都在放鞭炮,晾到外面的话衣服就白洗了!

我赶紧给客服打了个电话。没想到除夕当天客服电话依旧快速接听了,并且口吻十分客气,一口一个:不好意思,给您添麻烦了!反倒让我觉得有些惭愧了。说明情况后,客服让我看看洗衣机四角是否高低不平,然后跟我说两个小时之内会安排工作人员上门给我看看是怎么回事。我没想到除夕还会提供上门服务,卡萨帝的服务实在是太到位了!

放下电话后不久,我就接到了当地维修人员的电话。在确定洗衣机四角平稳之后,他让我把睡衣拿出来抖一抖,再放进去,说可能是偏离离心力了,然后说如果不好用再给他打电话,他马上过来给我维修。我记得期间他还说了一句:卡萨帝的产品质量很好,像您这种没用过几次的洗衣机按理是不会出现这种问题的!当我听到这句话的时候,感到十分安心,这就是值得信赖的大品牌!然后我按照维修人员的嘱咐,把衣服拿出来抖了抖再放进去,果然就恢复正常运转了!

洗衣机恢复正常之后,我就忙别的事情了,把给维修人员回电话这个事给忘了。大概过了20多分钟左右,维修人员又给我来了个电话询问具体情况,令我十分感动。我想说卡萨帝服务真是棒棒哒!

现在我的生活真的是离不开卡萨帝了,卡萨帝的售后服务简直太好了。维修人员更是专业,态度没话说,我除夕上午给他们添了麻烦也没有一句抱怨!而且看得出来,卡萨帝员工对于这个产品也是很有信心的,否则也不会说出"正常情况下,卡萨帝不会出现这种问题的"这种话。

选择卡萨帝冰箱和洗衣机,真的是我正确的选择!

(晒单故事作者:辛小样)

扫二维码,
看晒单故事原文

把顾客当朋友的品牌

- 用户：糖糖一家亲
- 地点：北京
- 产品：双子云裳滚筒洗衣机
- 晒单时间：2017/12

如此让人安心、放心的产品和服务，更加坚定了我对卡萨帝的信任。

很久以前就看到过卡萨帝的广告，却从未动过想买的念头，原因有两个：一是家里暂时没有换家电的想法，二是家里的空间有限，放不下新的电器。不过在有了宝宝以后，我发现家里必须再装一个专门给小朋友用的洗衣机。

在网上搜寻，很偶然发现了竟然还有这样上下两个筒的洗衣机，顿时喜出望外，一看品牌是卡萨帝。

闲暇时，我和老婆就到家电卖场去了。销售人员很热情，耐心地讲解了这款洗衣机的功能、特点，尤其针对我担心上筒脱水的时候是否会震动太剧烈、声音太大的问题予以了演示。结果洗衣机一运转，几乎没有声音，果然是高端大气上档次，当即下单！

其实买卡萨帝，有两个服务令我特别满意：一是店员的服务，因为当时家里一时找不到地方安放新洗衣机，所以买了以后就在店里的库房放了近三个月，真正做到了把顾客当作朋友，而且在后期咨询官网注册的时候，店员仍然非常耐心细致；二是安装人员的服务，因为工作日家里没人只能安排在周末安装，安装当天，师傅提前打电话与我预约时间并准时到达。进门之前，师傅特意让我们检查了外包装的完整性，进门的时候都穿上了鞋套。我怕影响安装时间，说不用穿安装结束后我拖地就行，师傅却说这是公司的规定，让人钦佩。

最特别的一点是，虽然卡萨帝提供了延保服务，但是在讲解和沟通的过程中，完全没有

七星高端服务

"绑架"消费者,更没有一丝一毫那种"你都买了这么好的一个洗衣机了,怎么能这么抠门不买延保"的意思。因此,虽然当时我谢绝了购买延保,但是后来还是购买了三年的延保服务。如此让人安心、放心的产品和服务,更加坚定了我对卡萨帝的信任。

目前,洗衣机的使用情况非常好:一是静音效果好,即使是好几件衣服在上筒或者是大件衣物在下筒同时洗,都完全没问题。二是操作很便利,比传统按键式的洗衣机更加人性化,家里的长辈用几次也可以完全掌握。卡萨帝的双筒大洗衣机让洗衣服变得更加科学,大人和小孩的衣服分开洗,有效地降低了细菌病毒的传播,让宝宝更加健康。

希望以后卡萨帝在不断树立高端产品形象的同时,继续做出优质好产品!

(晒单故事作者:糖糖一家亲)

(头像为用户家人)

扫二维码,
看晒单故事原文

- 用户：梁先生
- 地点：山东烟台
- 产品：卡萨帝云鼎空调—豪华版（挂机）346升朗度意式冰箱
- 晒单时间：2017/08

卡萨帝空调必须免费安！

当时我就感觉卡萨帝好贴心啊，我在网上看的那些注意事项也全都派不上用场了，直接被售后征服。

我和老婆在2009年认识，当时在一起上班。经过5年的努力，我们买了自己的房子。2015年房子交付后，我们就开始了装修。从最开始的跑材料市场，选各种建材，到最后一点一点地装修结束，经历了风风雨雨，房子终于装修完了。晾了半年后，我们开始选购家电，那时我们有空就会在网上看各种型号的家电，周末有空也会去各大商城、专卖店转转。

2017年五一放假，我与老婆相约去看空调。看了很多品牌，要么就是功能一般、要么就是外观普通，始终没看到满意的。结果，一转弯就看见了卡萨帝，老婆一下就相中了刚上市的一款新品，不过因为是柜机，而我们想买挂机，所以只能放弃了。最后终于在卡萨帝专卖店一个角落里被老婆发现了现在这一款，于是我们就选中了这个型号的产品。

本来出来只是想看看，没想到这么快就定了，节省了很多时间，非常感谢卡萨帝提供这么优秀的产品。

回来后我们就开始等师傅送装，我在网上看了好多空调安装的注意事项，想跟师傅沟通。送装前一天，我收到了师傅的电话，我们聊了下，我说我要一副好支架，师傅说好的160元。我说你带着来吧，来了我要是看好了就直接买了。

师傅把空调送到后，我当时就跟师傅说，给我们安装这款好的支架。但是一开箱，师傅却表示，之前没注意到空调是卡萨帝的，卡萨帝空调不能给安装这个。我问师傅为

七星高端服务

什么，师傅说卡萨帝售后安装时不收用户一分钱，铜管不够的话也是免费接。当时我就感觉卡萨帝好贴心啊，我在网上看的那些注意事项也全都派不上用场了，直接被售后征服。

接着，师傅开始了安装，我也被师傅安装时的举动给震撼了。我们住在6楼，师傅直接一只手拎着空调送出了窗外，放在了支架上，然后其中一个师傅出了窗外，封堵室外孔及固定落水管，我看着都害怕。但是师傅一会儿就麻利地安装好了，开始了抽真空。抽完之后，师傅还教我如何使用，并连接了手机。

有了这个空调，让我度过了一个凉爽的夏日。

（晒单故事作者：梁先生）

扫二维码，
看晒单故事原文

精益产品的
精益服务

- 用户：岳女士
- 地点：广西防城港
- 产品：欧式云裳滚筒洗衣机
- 晒单时间：2018/03

发现问题，他们能快速、及时地安排人员到场解决，这是卡萨帝优质服务的体现，所以说一个好的产品，离不开好的安装服务，也离不开好的售后服务。

在对城市情况一无所知的冲动之下，我在广西买了一套房。因为想赶着春节前入住，选择装修公司时就受到了一定的限制，装修质量自然而然地不是特别理想，因此就下决心在软装上多下功夫。卡萨帝是高端产品，我早有耳闻，一直没舍得下手，这次的装修正好给了我机会，于是我就开始在网上搜寻卡萨帝产品的信息。

因为早就有些担心南方冬天阴冷潮湿的气候，购买洗衣机也就格外地需要精挑细选，首先就是烘干功能。查了很多资料，都说买独立的洗衣机，独立的烘干机，这样效果最好。但受家里空间大小的限制，还是决定选择洗衣和烘干一体的。接下来就需要了解哪个牌子效果好。各大知名品牌一一查找之后，感觉各有千秋。

第二个需要考虑的是销售与售后的问题。在地图上看到我家附近有几家海尔专卖店，正好其中一家海尔专卖店搞活动，就决定去看看了。没成想在那里一眼相中了这款香槟色的卡萨帝洗衣机。它颜色漂亮，功能强大，关键是还有空气洗功能，再也不用担心这里的潮湿气候让衣服变味了，于是下单买下。

自从下定决心把卡萨帝洗衣机搬回家，我就开始琢磨着给它安个"家"，估算了一下厨房阳台的空间，感觉出现了一些小状况。原因是装修的时候没有考虑好地漏的位置，虽然测量了卡萨帝洗衣机的长宽高，但仍然感觉空间有限。

于是我就从网上买了一个不锈钢焊接的架子，为了心爱的卡萨帝，还特意选择了材料最厚、质量最好、价格最贵的架子。架子到货

七星高端服务

后马上拆了包装，搁在放洗衣机的位置正合适，非常满意，坐等卡萨帝到家。

谁承想，洗衣机到家了，也让师傅把洗衣机放在架子上了，欣喜地开始了"第一洗"，突然感觉不对劲了——哪里像广告和销售人员介绍的那样，洗衣机安静平稳，上面可以摞一打硬币而不倒？我的洗衣机如果没有厨房阳台的栏杆，它都可以直接蹦出去！不光震动声音很响，它还乱窜呢！不过衣服洗得倒是没有问题。

我很郁闷。但正好赶上买卡萨帝冰箱，约了销售和售后人员上门服务，我就顺便把洗衣机的这个情况告诉了售后人员。其中一个工作人员是门店的销售总监，听了我说的情况，就去看了现场，说我不应该放架子。然后他告诉我不要着急，他会找专业的师傅帮我看一下。后来上门的师傅果断地把架子给我撤掉，并且让我当面再启动洗衣机，查验洗衣机的移动和震动，这下好了，一切恢复到广告介绍的那样，安静、稳定……

虽然第一次安装的师傅没有提醒我，没有发现问题，但后来发现问题，他们能快速、及时地安排人员到场解决，这是卡萨帝优质服务的体现，所以说一个好的产品，离不开好的安装服务，也离不开好的售后服务。

希望卡萨帝的产品和服务一如既往，希望卡萨帝更加精益求精，企业发展更好，给客户带来更好的产品使用体验！

（晒单故事作者：岳女士）

扫二维码，
看晒单故事原文

感谢卡萨帝客服！

以后不论什么产品，只要卡萨帝有，我会毫不犹豫地购买卡萨帝！

- 用户：晟珉
- 地点：山东济南
- 产品：卡萨帝云鼎空调-经典版（柜机）
  卡萨帝云鼎空调-豪华版（挂机）
  318升朗度意式冰箱
  卡萨帝电视机
- 晒单时间：2017/04

从2012年购买了卡萨帝冰箱以后，我就一发不可收拾，成为卡萨帝产品的老客户了。先后又购买了卡萨帝电视机、冰箱、洗衣机和空调，光卡萨帝空调我家就一下子买了三台。因为年纪越来越大了，吹空调后不是感冒发烧就是腿痛腰疼。济南的夏天是出奇地热，可家里人为了我，白天夜里都不敢开空调。自从有了卡萨帝，终于可以舒舒服服地度过夏天！

之所以钟爱卡萨帝，就是因为卡萨帝太漂亮了：产品高档、做工精致、质量可靠、售后服务值得信赖。高端大气上档次的产品摆放在家里就是一种享受。更不要说它质量一流，用着就是放心。

我要说的故事不仅仅是产品的质量，而是卡萨帝客服的认真负责、人性化的服务。自从知道了卡萨帝有会员服务的网站之后，我乐此不疲，先后用积分换取了奶泡机、剪刀、棒式搅拌机等。

在此期间，也曾有过不愉快：一是感觉晒单审核太慢；二是礼品发货不及时。比如我有一次晒单的卡萨帝电视产品一开始没有审核通过，后来打电话询问，才知道是因为我上传的图片、发票有问题，做了修改说明后顺利通过。

通过这件事，我对卡萨帝网站客服有了重新认识。作为会员，我们往往只埋怨客服审核太慢、服务不到位，恰恰忽视了我们自己出现的问题，比如上传的发票不符、图片不清晰、没有按要求说明等等。作为客服人员必须认真审核每一位会员上传的产品信息，不可能随随便便就审核通过，那样也是对工作不负责任，对其他会员也是一种不公平。只有互相理

七星高端服务

解、互相支持，才能共同维护卡萨帝网站和会员俱乐部的繁荣。

感谢卡萨帝网站客服，我所兑换的礼品全部收到。没想到购买了卡萨帝产品还能有这么好的礼品赠送，有档次，又很实用，这是其他产品和网站无法比拟的。我钟爱卡萨帝产品，更钟爱会员俱乐部的温馨和实惠。我想，以后不论什么产品，只要卡萨帝有，我都会毫不犹豫地购买卡萨帝！

我现在只晒单了空调、冰箱和电视机，2014年还买了复式双筒洗衣机，可惜的是发票找不到了，等我找到发票就再晒一单，攒够了积分就可以再兑换一件精致的礼品。哈哈！

（晒单故事作者：晟珉）

扫二维码，
看晒单故事原文

冰箱成了女儿的玩具

- 用户：程女士
- 地点：江苏宿迁
- 产品：728升朗度法式冰箱
- 晒单时间：2018/03

建议大家如果条件允许的话，还是应该买卡萨帝这样的好东西啊！用起来的时候，时时刻刻都觉得值得！

家里买了套新房子，装修后需要购置新电器。和老公一起去电器城，转了一圈被这款冰箱吸引了：容量够大，外观够上档次。当初橱柜设计的时候只预留了1米的位置放冰箱。现在这个冰箱的尺寸正好合适，我心中那个兴奋啊！

等了好久，终于完成装修，该迎接电器进门了。但是随之而来的是一个巨大的问题，我们家住在一栋小高层的五楼，还没有电梯，冰箱太大太重，几位师傅必须得走楼梯。就这样几位师傅抬抬走走，走走抬抬，才刚走到一楼的转角位置就被卡住了——冰箱实在是太宽、太大，根本转不过弯来。

于是几位师傅只好暂时把冰箱停在一楼的住户家里，开始一起商量研究，各种方案讨论了一个多小时。最终决定把冰箱门拆掉，机身和门分开抬上楼。说做就做，大家赶紧忙活起来，抬得累了就歇一歇。撕掉了保护膜，还得小心翼翼地保护冰箱外观不划伤。

就这样艰难地抬了三个多小时，终于把冰箱送到家了。但是这撕掉保护膜的冰箱还是难以避免地受了伤，划了一道痕迹在侧面。我这心爱的冰箱啊！之后我就联系了销售人员，他们很贴心地帮我报了售后服务。很快，售后人员就上门了。检验过这条划痕之后，售后人员告知我不能补漆，不过可以根据情况给我做一些外观补偿。虽然刚买的冰箱外观受损，心里不舒服，但是卡萨帝的售后人员处理问题非常及时，服务非常到位，态度也非常好，让我觉得这钱花得值得，东西好，服务也好。真是个非常专业的团队，以后有其他家电需要买还是首先考虑卡萨帝。

在官网上注册产品后，看到可以做卡萨帝代言人，就决定参与代言，因为产品确实好

七星高端服务

用。冰箱最下层是感应门。我女儿十一个月左右，每天坐在学步车里，走到冰箱跟前就碰一下这个感应门，关了开，开了关，乐此不疲。我的冰箱啊，居然充当了她的玩具，能不能给冰箱留点面子，好歹人家也是高端产品！

卡萨帝真是非常不错的选择，我们家还购买了卡萨帝的双子洗衣机。以前如果我三天不洗衣服，家里的脏衣服就堆得满满的，一次根本洗不完。现在有了这款洗衣机，我洗衣服就轻松自如多了。上面放两个宝宝的衣服用婴护洗，下面放我和老公的衣服用运动洗，再打开个上下筒水循环使用，还节省了水费。等洗衣机唱起了歌，我直接去取出来晾晒就好了，确实省了我不少时间啊！

虽然买的时候有点贵，但实际使用起来，还是觉得物有所值啊！一分价钱一分货，这句老话说得一点儿都没有错。建议大家如果条件允许的话，还是应该买卡萨帝这样的好东西啊！用起来的时候，时时刻刻都觉得值得！

（晒单故事作者：程女士）

扫二维码，
看晒单故事原文

七星高端服务

- 用户：郁岩
- 地点：河北石家庄
- 产品：卡萨帝云鼎空调—豪华版（柜机）
  卡萨帝云鼎空调—豪华版（挂机）
  强力波波轮洗衣机
- 晒单时间：2017/07

午饭都顾不上吃的敬业精神

安装好卡萨帝空调，真是好得没话说。卡萨帝的售后也是有口皆碑，安装师傅的敬业精神，太令人感动了。

经过一遍又一遍的考察、调研、筛选，对产品十分挑剔的我，却对卡萨帝的精良做工一眼就喜欢上了。最终，一口气买了三台卡萨帝空调，将两个柜机和一个挂机"请"回了家。

之前一直以为买空调、安装调试是很简单的事，但没想到安装的过程比想象中的要多费很多劲。首先，因为缺乏装修经验，之前装修设计时疏忽了装空调的事，考虑得不周全，房间里放置挂机的最佳位置没有匹配电源。怎么办？改吧。于是请来师傅，开槽、埋线，漂亮的房间转眼间就被折腾得一塌糊涂。看着乱糟糟的房间，听着家人"瞎折腾、没经验、想当然"等等一系列的埋怨，只能低头忍着。

安装师傅上门后，我本以为一上午就可以安装好，但没想到，光是打眼就打了一上午。两位安装师傅轮番上阵，孔眼一点点地向前推进，师傅们中午饭都顾不上吃。我实在是过意不去，给他们做了点简单的饭菜，可无论怎么劝，人家都不吃，就这么一口气干到下午四点多，才终于安装完成。

看着漂亮的空调终于从商店正式来到了我家，感觉一切都很值得。正如一句经典名句说的："生活就是折腾。"安装好卡萨帝空调，真是好得没话说。卡萨帝的售后也是有口皆碑，安装师傅的敬业精神，太令人感动了。

掐指一算，突然发现，我这装修一新的房子，家电的大头都被卡萨帝"承包"了。除了卡萨帝的空调，我们还买了两台卡萨帝的洗衣机，因为看中了它终身自洁的功能。

过去的洗衣机都存在着一个"致命"的弱点——转筒内壁的清洁问题。在这方面我有过"惨痛"的教训。我女儿容易过敏，去医院

七星高端服务

检查出过敏源就是螨虫。有一次，孩子突然过敏，满身满脸瞬间红肿，以至于眼睛肿得看不到东西了，吓得我们立即带孩子去医院，经医生治疗之后孩子慢慢恢复过来。我们反复查找过敏原因，一直不得其解，无意中听朋友说你家的洗衣机是不是该清洗了。我们本着宁可信其有不可信其无的原则，请来了洗衣机售后的师傅。当打开洗衣机内筒时，我惊呆了，好脏呀。从此之后，我都定期请师傅上门清洗洗衣机，自己也买了专门的清洁剂。

所以这次新房家电购买洗衣机时，当听说卡萨帝洗衣机可终身保洁，终身免清洗，为了家人的身体健康，我便决定购买卡萨帝。10千克的大容量，精致到无可挑剔的做工，智能人性化的功能选择，让人真切感受到什么是一分价钱一分货，什么是物超所值。

这就是我和卡萨帝的故事，我一下子成为了卡萨帝品牌的忠实用户。感觉卡萨帝的设计非常人性化，到目前为止，还有一些功能和设计我还没有深刻理会到，还需要摸索，相信在今后的生活中，环绕在我周围的卡萨帝产品，会让我的生活在实用与美的结合中升华。

（晒单故事作者：郁岩）

扫二维码，
看晒单故事原文

扫二维码，
看晒单故事原文

卡萨帝满足了我对冰箱的所有幻想

- 用户：王倩
- 地点：北京
- 产品：欧式云裳滚筒洗衣机 445升云珍意式冰箱
- 晒单时间：2016/01

金牌售后果然名不虚传，就冲这一点，以后所有电器都选卡萨帝了！

最开始听说卡萨帝是在小区的讨论群。一位在群里德高望重的管理员向大家极力推荐卡萨帝电器，说是国际高端家电品牌。一提到大品牌，我立刻就来了兴趣，心想产品质量肯定差不了。于是，我选了一个阳光明媚的天气，兴致勃勃地去了家电卖场挑选。

我与卡萨帝就这样正式结缘了。

由于已基本敲定卡萨帝，并且我家装修时也预留了冰箱的放置空间，因此在型号的选取上还是很容易的。最终在2015年12月，我购入了卡萨帝445升云珍意式冰箱。卡萨帝的送货速度非常快，在它被送到我家时，我心中还是狠狠地激动了一把，满心欢喜。毫不夸张地说，这款冰箱满足了我对冰箱的所有幻想。

它漂亮的外观以及金色真是拉风，各种小细节也非常加分，比如打开冷藏室的柜门，蓝色的背光板非常漂亮，"高大上"的感觉顿时袭来。还有一个令我非常满意的地方，就是这款冰箱一改以往冰箱冷冻室外面是柜门，里面是抽屉的方式，取而代之的是冷冻室分为两个大抽屉，这样在保证存储空间的基础上也增强了实用性。朋友来我家做客时看到这个功能也非常满意，纷纷说要买这个冰箱呢！

买卡萨帝之前，看到网上普遍评价风冷冰箱较其他冰箱费电，我也就认为卡萨帝这么大的容量费电肯定是必然了。但没想到的是，一番使用下来发现，卡萨帝冰箱比其他一般品牌要省电很多，这算是一个意外的大惊喜吧！除此之外，卡萨帝冰箱在我家开始服役至今，我常常忘了它的存在，因为它基本上没有

七星高端服务

声音。这一点毫不夸张,我母亲大人对这一点也是赞赏有加呢。

还有,卡萨帝的售后服务更是没的说。送货时,安装师傅不厌其烦地讲解了各种注意事项。金牌售后果然名不虚传,就冲这一点,以后所有电器都选卡萨帝了!

卡萨帝现在是我的心头好!我也推荐给了身边要买家电的亲朋好友,他们都开玩笑地问我卡萨帝给了我多少广告费,其实卡萨帝确实给了我广告费,只不过不是钱,而是服务,是产品的质量,这难道不是最好的广告费吗?

"金杯银杯不如老百姓的口碑"。相信卡萨帝的口碑会越来越好,发展也会越来越好!

(晒单故事作者:王倩)

扫二维码,
看晒单故事原文

七星高端服务

- 用户：付先生
- 地点：山东青岛
- 产品：360升云珍意式冰箱
- 晒单时间：2017/10

高端品牌
服务必然完美

第一次买卡萨帝的产品就见识到售后的水平，体会到品牌对用户的尊重。

今年乔迁新居，是大喜事。可搬家的时候不小心把用了十年多的冰箱门给摔坏了，虽然还能使用，但放在新家里有些影响美观了。既然搬了新家，想想还是改善一下生活品质，于是决定再另外置办一台新冰箱。

之前的冰箱用了十几年，质量挺好的，可老婆说用够了，要换合资品牌。于是我们就在各品牌中选择，德国的、日本的、韩国的都看过了，不光价格高，外观一般，功能还单一。我早就听说卡萨帝是国际高端品牌，在之前买洗衣机时就差点购买了卡萨帝，只是老婆更喜欢德国品牌，不同意，因此就作罢了。所以这次买冰箱，我就极力推荐她去看看卡萨帝。

当我带老婆到卡萨帝展厅一看，她立刻就被卡萨帝冰箱高端时尚的外观吸引。经工作人员细心介绍，我们越发喜欢这款冰箱，便下了订单。

七星高端服务

几天后冰箱就送到家了，摆放好位置后感觉与新家很适合，我和老婆都很满意。但把包装膜撕下来以后却发现在冰箱上门的边缘处有一团划痕，虽然不大，也不影响使用，可每次开关门时总能看到，让人心里很不舒服，感觉有了这点划痕，就连冰箱时尚、大气的外观都逊色了不少。

于是我们联系了卖场说明情况，卖场马上就联系售后给予解决。本来说好第二天再上门，结果当天傍晚时候，工作人员就到家了。在看完情况后提出给予补偿并更换上门的方案，我欣然接受了这个方案，也不想再麻烦售后。

其实问题真的不大，也不需当天上门解决，但卡萨帝售后服务真的名不虚传。第一次买卡萨帝的产品就见识到售后的水平，体会到品牌对用户的尊重。为了更换冰箱门，工作人员两次上门服务，进门就带上脚套，工作过程中细致、认真地操作，按用户要求还帮助撕掉多余的保护膜，并且指导我们如何使用，耐心又细心，真心感谢工作人员，更充分证明了卡萨帝没选错！

现在，冰箱使用了一段时间，工作正常，噪音很小，冷冻很快，用电量还很少，有些功能还在探索中，总体使用很满意。

今后有卡萨帝相伴，相信我的生活会更加精致动人！

（晒单故事作者：付先生）

扫二维码，
看晒单故事原文

七星高端服务

- 用户：彭女士
- 地点：广东深圳
- 产品：435升云珍多门冰箱
- 晒单时间：2017/12

免费哦！
服务真不错！

有个好冰箱，自己下厨的兴趣都增加了，胃口也好啦！

因为之前看到宣传，认识了卡萨帝品牌，于是国庆期间就去商场里面找到了这款冰箱。导购员很热情，非常细致地介绍了这款冰箱，各项功能都介绍得很仔细，还现场操作给我们看。我们也跟不少其他牌子的冰箱做了比较，觉得这款冰箱功能多，外观好看，其他牌子类似功能的冰箱要么外观一般，要么容量还没这款大。

导购员介绍完后，我非常中意这款冰箱。不过我老公有些犹豫，因为他对尺寸有些顾虑，这款冰箱高度有些高，他担心会超过我们给冰箱预留的位置。他自己又单独去看了几个其他牌子的冰箱，最后还是决定选这款冰箱，因为确实各方面都是最好的，万幸后来证实尺寸也合适。

过了一周左右，冰箱就送货到家。因为门的尺寸小，冰箱搬不进去，于是打了客服电话，售后马上安排师傅免费上门拆门、搬进去后再安装好，是免费的哦。服务真的很不错，给个大大的赞。

当天下午师傅很准时地到了，小心仔细地把冰箱门拆下来，然后搬进去再装上，把高度调好。整个过程都很细心，没有对冰箱造成一点损伤。组装完成以后，师傅还告诉了我一些注意事项，这服务态度让我相当满意。师傅还说如果后续有任何问题，都可以随时给他们打电话。师傅给了我一张服务卡片，上面有联系电话。我们担心弄丢，师傅就直接帮我贴在冰箱上，哈哈。

现在冰箱放在小阳台，尺寸大小都刚好，看着很美观，我跟老公都很满意。于是我们把冰箱摆在家里的照片发到我们小区的业主群里，很多跟我们同一个户型的邻居看到之后，纷纷上门来参观。邻居都好喜欢这个冰箱，还夸我们的小阳台设计不错，空间利用率很高：冰箱、洗衣

220

七星高端服务

机,还有一个阳台柜可以放电饭煲。平时可以在这里洗菜、洗衣服,都非常非常方便,而且放了这么多东西整体看上去还很美观,一点儿也不感觉杂乱。

就是这款冰箱,把小阳台的整体颜值直接提升了!邻居们都说买得值、容量大、功能多、尺寸也合适。之后听说好几个邻居也去购买了这款冰箱,又纷纷推荐给他们身边的亲人和朋友。

根据师傅的建议,我们把冰箱放置了两天。第三天开始使用这款冰箱,买了好多东西放进去,因为功能多、分区多,我们就都按照每个功能分区把食物放好,这样冰箱既不杂乱,也不会串味。

一打开冰箱,食物都分类好了,看着很舒服,很整洁,心情都跟着变好了!因为冰箱功能多,我们经常买好吃的回来,每天一有时间就折腾各种做法,胃好满足。有个好冰箱,自己下厨的兴趣都增加了,胃口也好啦!老公还经常说怎么现在天天做好吃的,哈哈。

强烈推荐大家购买这款冰箱!希望卡萨帝可以多出一些新款,更好地服务顾客,满足顾客更多的需求,这样我就更爱卡萨帝啦!

(晒单故事作者:彭女士)

扫二维码,
看晒单故事原文

七星高端服务

| 用户：可爱爱米的妈妈
| 地点：北京
| 产品：435升云珍多门冰箱
| 晒单时间：2017/06

这速度太给力了

我上午联系了卡萨帝售后，下午就立刻来人修理，这速度太给力了。

以前曾经幻想着，如果有一个新家，应该如何装潢布置，而且如果家里摆放一台双开门冰箱，该是多么大气和与众不同。解释一下，有这个想法的时候，我正在上高中，那时候双开门冰箱刚出来，一台要一万多吧，看到广告的时候，我就决定以后我的家必须要有一台。

转眼间大学毕业了，我选择了留在了首都北京。在一次次错过了最佳买房的时机后，终于赶上了末班车，拥有了我人生第一套住房。装修完毕后，我就和老公讨论起家电的问题。我们先在网上了解了一下市场，选定了几个品牌后，又去实体店逐一了解。

去实体店的时候，我们先看的海尔，却在路过卡萨帝展台的时候，被它的产品外观吸引了。于是我和老公决定进去了解一下，这才知道卡萨帝原来是国际高端品牌。一听高端，自然有了更多的好感，销售人员也是很尽责地介绍了产品的功能、特点和优势，同时还介绍了与其他品牌类似产品的功能差异，比如同等大小的产品的容积等。了解过后，我们都感到十分满意，果断选择了卡萨帝。

理想是美好的，现实却很残酷。因为餐厅尺寸问题，我们一开始选定的那款双开门冰箱体积太大，只能忍痛割爱地退掉了。但是我却很惊喜地发现，卡萨帝有一款冰箱是上半部分双开门，下半部分是抽屉式设计的，体积要比双开门小一些，但是外观却很好看，功能也很实用，并且要比正常单开门容积大得多，所以果断换成了这款云珍多门冰箱。

冰箱使用了一段时间后，有一天面板突然失灵了，我上午联系了卡萨帝售后，下午就立刻来人修理，这速度太给力了。

目前一切都使用良好，突然觉得以前的小愿望也实现了。人总是要有点理想的，不是么？

（晒单故事作者：可爱爱米的妈妈）

扫二维码，
看晒单故事原文

七星高端服务

- 用户：张女士
- 地点：江苏常州
- 产品：801升朗度双开门冰箱
- 晒单时间：2016/01

盒子怎么用？
售后主动来反馈

卡萨帝却做到了，认真地看我们用户的评价，而且还能主动、快速地给我们反馈。

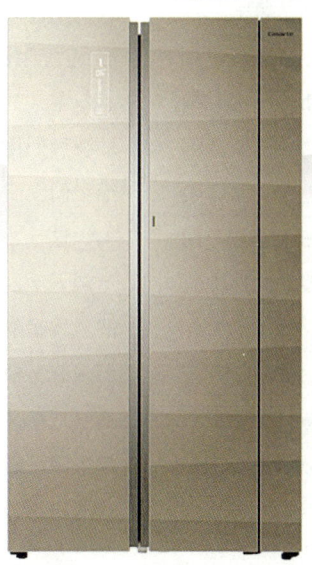

　　由于是卡萨帝老用户了，我与卡萨帝冰箱结缘的起因、经过就不在此赘述。这次，我主要想就我使用卡萨帝产品以来，对卡萨帝品牌的理解和用户体验来论述一二。

　　卡萨帝品牌的口号是"发现生活，为爱进取"，我觉得该品牌已经做到了80%，当然还有一定的进步空间，我在此只讲做到的这一部分。

　　我最早一次购买卡萨帝是在2015年。不知道是不是对自己的产品很有自信，还是产品处于试投放的范围，又或是我所在城市比较

七星高端服务

小,当时在当地几乎没有看到相关的宣传,我在各大卫视的主流时间段也并没有看到相关的广告。

不过印象中,海尔这个品牌用于宣传的广告一直不多,我对它的印象还停留在那对穿着小短裤的两兄弟,但是整个家电业还是流传着海尔的传说。这说明什么?说明不以营销为手段去销售,而是用真实的口碑赢得客户;不用高价宣传提升产品公信力,而是让利于民。最让我感动的还是他们请的代言人,很少请现在的一线或者当红的明星,而是请了民族英雄、奥运冠军,并且很多时候是在人家宣布退役后请的,我觉得这也是一种温暖的关怀,比请大牌明星感觉更踏实。

估计卡萨帝的钱都用在研发和服务上了,在这方面的支出是客户最难看见和感受到的。产品买完后的使用体验和服务跟进简直一流。官网晒单平台很好,让用户自由地发表意见,还有积分礼品可兑换。说实话,我晒单一开始是为了积分,但我写的,能对别人有所帮助,这就很值得。而且我还能换到精美的礼品,也很开心。

而且我发现,这些晒单的内容不只是对卡萨帝这个品牌感兴趣的人会看,卡萨帝品牌的工作人员也在看!这是我亲身体验的——之前我在晒单里发表了一条内容,说我购买的这款801冰箱上面有个小盒子带一个突起,看着不美观,遮挡起来也会有突起。发表完之后,大概就是隔天的功夫,我就收到卡萨帝客服的电话,客服主动来和我说明这个盒子的功用,并且告诉我最好不要遮挡,以免影响性能。

其实很多时候我们作为用户发表评价,都只是自己抒发感情或者发发牢骚,我们都明白很多用户评价品牌方根本不会看,会看的一般都是要买的消费者。但卡萨帝却做到了,认真地看我们用户的评价,而且还能主动、快速地给我们反馈。

这款冰箱真的不错,家里有足够空间的一定要入手,我最喜欢制冰盒的摆放位置。现在很多冰箱的制冰盒都是活动的一个盒子,我用起来感觉放哪里都不方便。但是卡萨帝这款冰箱是把冰盒做在门上,制冰和取冰的过程都简单方便,建议大家入手之前一定要去实体店看一下。

(晒单故事作者:张女士)

扫二维码,
看晒单故事原文

七星高端服务

- 用户：百合
- 地点：河北石家庄
- 产品：421升云珍多门冰箱
  幂级云裳洗衣机
- 晒单时间：2018/01

"您满意就是我们的成就"

我非常抱歉地说："给你们添麻烦了。"师傅却说："您满意就是我们的成就。"真的令我非常感动。

今年搬新家的时候，准备换一台冰箱。最初选冰箱时定位在一些老牌进口高端品牌上，但看来看去，总觉得这些品牌的产品与几年前没什么差别，在技术上也没有什么亮点，因此一直没有挑到满意的冰箱。

直到我遇到了卡萨帝，瞬间就被它典雅时尚的外表所吸引。销售人员立刻为我介绍了卡萨帝冰箱与其他冰箱的不同之处。经过销售人员的一番介绍后，我对卡萨帝有了更新的认识：贵，是有道理的。你看它外观典雅时尚，内部设计合理，且用料考究，做工精致，无论从设计到工艺，还是从用料到品牌文化，无不体现卡萨帝的尊贵、典雅。

回家后，我又上网搜索卡萨帝进一步了解，然后再次到柜台前咨询。之后的几天又亲自验证了冰箱的保鲜实验，这才让我彻底放下心来，果断下单购买！

冰箱配送到家后，我发现门上有个小坑，心中有些不快，毕竟是心爱的东西，不想有任何瑕疵。与售后人员沟通后，售后表示可以给我调换一台，这台也可以先放我家使用，等送新货时再把这台拉走。没想到，过了两天送货师傅真的把新冰箱送来了。当时正值夏季，天气炎热，冰箱又大又重，师傅们背进来一个，还得要把之前这台包装好再背出去，累得汗流浃背。我非常抱歉地说："给你们添麻烦了。"师傅却说："您满意就是我们的成就。"真的令我非常感动。

后来，家里的波轮洗衣机把我的内衣搅坏了，给我带来了不少麻烦，所以我决心也要

七星高端服务

换一台好的洗衣机。有次我逛商场的洗衣机区域时无意中转到了卡萨帝专柜前，销售人员热心地给我介绍了几个型号的卡萨帝洗衣机，并详细地把洗衣机的用法和工作原理给我讲了一遍，我当时就被它的空气洗功能和烘干功能所吸引了。并且，它的智能系统很人性化，操作非常简单，果然和别的品牌做工不一样，扎实！还有它滚筒内设计的自平衡技术，无不透露着这台洗衣机的高端大气上档次。

在了解的过程中，销售人员告诉我卡萨帝还可以洗貂皮大衣以及羽绒服，洗后会有很蓬松的独特效果，这使我半信半疑。销售人员接着说："我们可以试机，姐，您把您的衣服拿过来，我给您洗洗试试，洗坏衣服我赔你！"这顿时勾起了我的兴趣，便与销售人员约定了体验时间。

过了两天，我带着一件羽绒服和一件貂皮大衣来到了卡萨帝柜台进行体验。衣服洗出来后我简直惊呆了，羽绒服洗后经过烘干羽绒都舒展开了，又蓬松又暖和，并且像衣领、袖口等特别脏的地方洗得干干净净的，貂皮大衣洗后毛色也是非常鲜亮柔顺，没有了存放较久的那些异味。我瞬间为卡萨帝洗衣机的洗衣效果折服，立马订购了一台。

没想到，我与卡萨帝的缘分始于冰箱，又在洗衣机上再续前缘。只能说卡萨帝不仅产品好，售后服务一样完美，才占据了我的心吧！

（晒单故事作者：百合）

扫二维码，
看晒单故事原文

扫二维码，
看晒单故事原文

七星高端服务

令国家表演艺术家
都念念不忘的卡萨帝

家住上海的陈国庆老师，是著名海派表演艺术家，国家一级演员。2017年5月，考虑到上海进入了梅雨季节，他购买了一台卡萨帝幂级云裳滚筒洗干一体机。5月28日，上海市徐汇区海清服务商收到信息后，第一时间安排金牌服务人员徐智平上门服务。

服务中，徐智平遇到了一个难题，陈老师家下水口是与台盆连接的三通结构，凸出的下水口将近15厘米，如果直接安装会影响排水，如果锯掉下水口又会返水。经过设计考量，徐智平先锯掉下水口，安装好洗衣机下水管后使用硅胶进行密封，避免出现使用中下水管返水问题。

服务的整个过程陈老师都站在旁边，看在眼里，感动地说："你们的服务是我在国内、国外使用所有家电产品中最好、最专业的。"优质的卡萨帝售后服务赢得了陈老师的认可，6月20日，他再次选购了一台洗衣机。6月21日，售后技术经理带服务人员上门服务。

用户家中实景

整个服务完成后，陈老师称赞道："有这么好的售后服务，我会一如既往地支持卡萨帝。"

摘自：690吧微信公众号

扫二维码，
看晒单故事原文

七星高端服务

戴红花走红毯，
纤见这样"嫁"到用户家

鲜花、红毯、大红花，这些元素出现在家中，不是迎亲，而是为了一台洗衣机的安装。

2018年2月5日，烟台牟平用户张女士就因购买了一台卡萨帝纤见洗衣机享受了"鲜花、红毯、大红花"的礼遇。3个月后，同样的情景在张女士的大姐家中再次上演。因为体验非常好，张女士把纤见洗衣机介绍给大姐。让姐妹花满意的不仅仅是产品的质量，更是卡萨帝的七星服务。

张女士下单纤见洗衣机后，工单派到牟平广源家电维修中心流动服务站站长、纤见洗衣机管家林鹏霏手中。红地毯、鲜花、大红花样样齐全，张女士从没见过这么隆重的七星服务场面，对卡萨帝服务大加赞赏。

2018年5月，张女士大姐家要换洗衣机，听了张女士描述安装时的场景及平日使用的心得，大姐也决定安装纤见洗衣机。体验了一把鲜花红毯的七星服务。

安装中，林鹏霏发现大姐家下水道有臭味溢出，且水龙头陈旧，便免费为大姐家更换了新的水龙头，配上防臭地漏，为大姐创造舒适的使用环境。大姐说："我要把这么好的洗衣机推荐给别的姐妹。"

做有差异的服务是卡萨帝追求的方向，当好的产品与好的服务结合到一起，一家人很容易选择同样的产品。卡萨帝通过七星服务创造了良好的口碑，赢得了用户的感动，也赢得了用户的订单。

用户家中实景

摘自：690吧微信公众号

扫二维码，
看晒单故事原文

坚守对用户的承诺，寒冬中苦等一小时

"大冷天儿，原地苦等我这么长时间，真是太感动了！"用户一句话表达出了对卡萨帝直销员齐连荣的感谢之情，也道出了卡萨帝专业、贴心的七星级服务。

2017年11月，家住兰州的张女士想要把家里重新翻装，但在选购冰箱时却遇到了堵心事：尺寸不确定，各大品牌都说上门测量，结果统统"放了鸽子"。在这个寒冷的季节，卡萨帝直销员齐连荣用自己的实际行动温暖了用户，温暖了整个冬天！

由于张女士家里人口比较多，想选购一台大容量、保鲜好的冰箱。但是家中预留尺寸不确定成了闹心事：放在厨房吧，地方不够，放在客厅，害怕影响空间，因此犹豫不决。

在选购中，兰州南关恒通店的齐连荣见张女士有难处，便真诚地说道："张姐，要不等会我下班，到您家实地测量下尺寸，您看行吗？"哪知道张女士抱怨道："别开玩笑了，买冰箱的时候每个牌子都说来测量，结果哪个也没来。我把地址留下，你要是来就给我打电话好了。"说完便离开了。

第二天下班，齐连荣根据约定早早就赶了

七星高端服务

过去,但左等右等不见客户来,打电话一直接不通,齐连荣一直没有放弃,因为她相信,销售没有捷径,以诚相待才能换来顾客信任,11月的兰州寒风刺骨,整整等了一个小时,张女士才打车过来。

刚下车,张女士满脸愧疚,原来公司有急事,鉴于之前的购买经历,更让她完全没有上心。听完张女士的道歉,齐连荣认认真真地帮助她测量尺寸,选定合适位置,张女士非常满意,当即订购卡萨帝冰箱。一来二去,齐连荣与张女士成了无话不谈的好朋友。

2017年12月,齐连荣对张女士进行了高端用户拜访,张女士谈到了自己的女儿和侄女也快结婚了,新房正在装修,她帮着忙前忙后也快忙不过来了,齐连荣在祝福她的同时,向她推荐了卡萨帝新品冰箱,张女士一听:"从当初我一下车看到你的时候,我就认定了你是个值得信赖的朋友。"第二天就领着家人直接订购了两台卡萨帝冰箱。

作为全球高端品牌,卡萨帝坚持高端化、差异化定位,精准把握高端用户诉求。在这个寒冷的季节,齐连荣以真诚的服务和专业的技能温暖了卡萨帝用户,其背后是卡萨帝"用户至上"的整体理念,为其行业发展竖起新标杆。

摘自:卡萨帝生活公众号

扫二维码,
看晒单故事原文

烹饪的艺术

👤 用户画像：温州·章先生·别墅

🔧 产品方案：抽油烟机、灶具、蒸箱、烤箱、冰箱

🏠 品味生活：冰箱、蒸箱、烤箱完美嵌入，与家居装饰融为一体，既美观大方，又简约实用。

👤 用户画像：无锡·王女士·大平层

🔧 产品方案：抽油烟机、灶具、蒸箱、烤箱、洗碗机、嵌入式冰箱

🏠 品味生活：卡萨帝的成套产品，完美的视觉享受，超值的使用感受。

👤 用户画像：新疆·王先生·复式

🔧 产品方案：抽油烟机、灶具、燃气热水器、蒸箱、烤箱、抽屉式洗碗机、冰箱、洗衣机

🏠 品味生活：用户热爱生活，喜欢烘焙。经常用蒸箱、烤箱为80岁的母亲和1岁多的宝宝做美食。用户夸赞卡萨帝烤箱做的烤包子可以跟乌鲁木齐著名的烤包子相媲美。

烹饪的艺术

- 用户画像：无锡·李女士·大平层
- 产品方案：抽油烟机、灶具、烤箱、洗碗机
- 品味生活：洗碗机完美解放双手，从此摆脱与油腻打交道的生活。

- 用户画像：无锡·缪女士·联排别墅
- 产品方案：卡萨帝621升冰箱、双子洗衣机、星云蒸箱、单抽洗碗机、烟机、灶具
- 品味生活：灶具火力强劲，让食材十分入味；抽油烟机瞬间吸力强大，让家装俨然如新。

- 用户画像：无锡·肖女士·大平层
- 产品方案：519升冰箱、双子洗衣机、云典烟机、云典灶具、星云烤箱、星云蒸箱、单抽洗碗机
- 品味生活：喜欢下厨的用户对食材口味要求严格。卡萨帝"蒸得新鲜，烤得入味"。

品鉴的艺术

用户画像：长春·陈女士·别墅

产品方案：2台卡萨帝博芬酒柜

品味生活：喜爱旅游的用户家里有很多名贵的葡萄酒，于是购买了两台博芬酒柜专业储存。在旅行中看不一样的山河秀丽，在生活中享受价值不菲的美酒。

用户画像：厦门·王女士·别墅

产品方案：冰吧、酒柜

品味生活：酒柜可以专业存储葡萄酒，平时喜欢养生，经常和女性好友一起喝红酒。冰吧可以分类存放水果、蛋糕、营养品。

用户画像：北京·周先生·大平层

产品方案：卡萨帝博芬变频酒柜

品味生活：用户夫妻是香港人，爱红酒，无酒不欢。但心爱的高档葡萄酒放在常温环境下根本无法保存，因此购买卡萨帝酒柜存放家中的葡萄酒，用得放心。

品鉴的艺术

- 用户画像：厦门·陈女士·别墅
- 产品方案：冰吧3台、622升冰箱、欧卡洗衣机、强力波洗衣机
- 品味生活：3台冰吧在别墅内合理摆放，随时可享受触手可及的新鲜。

- 用户画像：无锡·缪先生·别墅
- 产品方案：卡萨帝至享冰吧
- 品味生活：日常食材分类存放，冰吧让食材存放更加专业，冰吧内常放葡萄酒、茶叶、饮品、水果，存放的种类多，满足先生、妻子、儿子的日常所需。

- 用户画像：长沙·刘先生·别墅
- 产品方案：馨享冰吧、至享冰吧
- 品味生活：馨享冰吧主要放水果饮料、至享冰吧在书房主要放雪茄、茶叶等。

卡萨帝名人堂

　　眼界越宽广，就越能深刻领会不平凡人生背后隐含的人文烙印。这也是"卡萨帝人生，为爱不凡"理念想要传达的价值。

　　卡萨帝的不凡，并不是来自于明星大咖的背书，而是源于其12年始终坚守的原创、高端理念。

　　不忘初心，方得始终。成立12年来，卡萨帝不仅拥有了1200万忠实精英用户，更成为国际政要的国礼、明星大咖的首选和世界冠军的搭档。

卡萨帝名人堂

卡萨帝皇室贵族用户

2018年8月4日,意大利皇室公主之女Olimpia晒出自家的卡萨帝F+冰箱。

卡萨帝皇室贵族用户

2018年7月,马来西亚皇太后收到母亲节礼物:一台卡萨帝纤见洗衣机。

卡萨帝名人堂

卡萨帝皇室贵族用户

2017年10月,德国王子费迪南德朋友圈聚会视频里出现了2款卡萨帝家电。

卡萨帝名人堂

卡萨帝各国政界用户

2016年10月,卡萨帝洗衣机作为国礼,送给智利前总统Eduardo Frei Ruiz-Tagle。

卡萨帝各国政界用户

白俄罗斯驻华使馆代表罗布科·尤里先生体验卡萨帝。

卡萨帝名人堂

卡萨帝各国政界用户

加拿大驻华使馆行政处处长Edmond(Matthew)Sherman先生体验卡萨帝。

卡萨帝名人堂

卡萨帝各国政界用户

智利驻华使馆代表马拉菲诺·蒙太席诺斯先生点赞卡萨帝。

卡萨帝名人堂

卡萨帝各国政界用户

2016年11月27日,俄罗斯女新闻官在俄最大的社交网站上发布了一组与卡萨帝双子洗衣机互动的照片。她将不同的衣服放入洗衣机不同的筒中,并发文"少说漂亮话,为生活做减法,享受工作给予的一切"。

卡萨帝名人堂

卡萨帝各国政界用户

缅甸驻华使馆代表为卡萨帝产品点赞。

卡萨帝名人堂

卡萨帝各国政界用户

泰国驻华使馆商务公使游慕贤体验卡萨帝。

卡萨帝各国政界用户

斯里兰卡驻华使馆代表武林博先生体验卡萨帝。

卡萨帝各国政界用户

俄罗斯驻华使馆商务官员王明为卡萨帝点赞。

卡萨帝各国政界用户

2016年12月,美国大洛杉矶郡郡长安东诺维奇家现卡萨帝冰箱。

卡萨帝权威专家用户

2016年12月,袁隆平成为卡萨帝电压力煲首位专家级用户。

卡萨帝权威专家用户

2016年8月,卡萨帝双子云裳洗衣机被VED首席专家Chirstoph选用。

卡萨帝权威专家用户

2017年4月,第24届世界葡萄酒大赛主席哈弗推荐"家电界特斯拉"卡萨帝酒柜。

卡萨帝行业精英用户

全聚德王府井店行政总厨 APEC（亚太经合组织）国宴厨师 徐福林。

卡萨帝行业精英用户

澳大利亚使馆特邀主厨 John Paul fiechtner。

卡萨帝行业精英用户

新西兰厨师交流协会会长 Reggie。

卡萨帝行业精英用户

芬兰驻华使馆主厨 卓有公。

卡萨帝名人堂

卡萨帝行业精英用户

原瑞士使馆官邸行政总厨 骆晓宁。

卡萨帝行业精英用户

法国驻华大使馆官邸主厨 Moulieres Julien。

卡萨帝名人堂

卡萨帝行业精英用户

原英国大使馆官邸主厨 Alexandre。

卡萨帝行业精英用户

北京饭店行政副总厨师 APEC（亚太经合组织）国宴厨师 刘忠。

卡萨帝名人堂

卡萨帝行业精英用户

武夷山岩茶非遗传承人陈孝凯将顶级茶叶存放在卡萨帝冰箱内。

卡萨帝行业精英用户

2017年6月,美国健身明星教练Tommey生活照中晒出了卡萨帝空调。

卡萨帝行业精英用户

意大利精英Adam为孩子选择了卡萨帝双子云裳洗衣机。

极致·凝注艺术
陈建斌 金马奖影帝、中国电视艺术家协会演员工作委员会副会长

2016年1月22日,北京,卡萨帝"艺术·家"年度思享盛典。陈建斌与众演艺名家、设计师共同探讨家的艺术,分享生活哲学。

卡萨帝名人堂

极致·雕琢经典
张学友 中国流行乐"歌神"、演员

2016年10月21—23日,2016张学友世界巡回演唱会北京站——卡萨帝之夜。张学友携手国际高端家电品牌卡萨帝,共同呈现了一场音乐与艺术的盛筵。

卡萨帝名人堂

极致·匠心传唱
李宗盛 歌手、音乐制作人

2016年3月8日,上海,中国家电及消费电子博览会。卡萨帝迎来品牌十周年,李宗盛为卡萨帝品牌百年计划发布精彩献唱。

卡萨帝名人堂

极致 · 爱的锋味
谢霆锋 演员、歌手、PO朝霆创始人

2015年6月2日,北京,国际高端家电品牌卡萨帝2015思享荟。卡萨帝携手谢霆锋及《十二道锋味》第二季,开启了全新的"味爱之旅"。

极致 · 艺术之道
胡军 中国一线实力派男演员

2016年6月,在胡军参演的话剧首演当天,卡萨帝特邀米其林三星大厨,与胡军一起为父母做了一次难忘的家宴。

卡萨帝名人堂

极致·虔诚行者
陈坤 著名影视演员、"行走的力量"创始人

2015年10月30日，北京，陈坤2015"行走的力量"影像展在北京揭幕。国际高端家电品牌卡萨帝将多款高端家电带入本次活动中。

卡萨帝名人堂

极致·芳华绽放
黄轩 著名影视演员

2018年2月13日,黄轩成为国际高端品牌卡萨帝的"艺术大使",以艺术致敬生活,为完美永不妥协。

卡萨帝名人堂

极致·完美自我
江一燕 知名演员

2017年3月9日,上海,中国家电及消费电子博览会。知名演员江一燕诠释卡萨帝高端生活的内涵:为完美永不妥协。

极致·人生赢家
李小鹏 中国男子体操世界冠军

2018年1月,浙江卫视《你好!生活家》节目。中国男子体操世界冠军李小鹏做客卡萨帝生活馆,与《你好!生活家》共同迎来了第一季的完美收官。

极致·登峰造极
黑川雅之 世界著名的建筑与工业设计师

2016年9月9日,上海。黑川雅之参加国际高端家电品牌卡萨帝打造的首届"设计百人会高峰论坛"并发表主题演讲。

极致·探索无界
杨明洁 著名设计师、收藏家、YANG DESIGN创始人、同济大学客座教授

2017年3月,上海,中国家电及消费电子博览会。卡萨帝联手杨明洁,首发2017款"概念家电",以中国最古老的工艺创作高端家电。

极致·醉心于艺
张小川 新锐首饰设计师、小川工作室创始人

2017年10月17日,乌镇,首届卡萨帝生活艺术节。张小川与卡萨帝共同分享高端生活方式与心灵感悟。

极致·温暖艺术
高鹏 今日美术馆馆长

2016年3月8日,上海,中国家电及消费电子博览会。卡萨帝携手高鹏,就国际高端制造趋势、家电行业现状、艺术匠心精神等话题深入探讨。

卡萨帝名人堂

著名设计师石大宇
卡萨帝思享家

最上乘的设计是以独一无二的美感遮掩最健全的功能。

极致·技艺传承
石大宇 著名美籍华人设计师、2014中华文化人物

2015年9月25日，北京，国际设计周。卡萨帝作为"茶·竹·乐"展览赞助方亮相，石大宇的设计理念与卡萨帝以用户体验为核心的设计标准不谋而合。

极致·以爱之名
郎永淳 中国中央电视台前新闻播音员、主持人

2015年1月17日，卡萨帝携手今日美术馆举办时尚艺术跨界颁奖典礼。郎永淳为最具影响力和最具跨界先锋精神的艺术家和设计师们颁奖。

卡萨帝名人堂

极致·人生态度
路一鸣 央视《今日说法》主持人

2014年6月28日,西安,卡萨帝2014家庭马拉松活动。路一鸣亲自参与,开启卡萨帝"慢跑盛宴"。

极致·全心全意
刘建宏 著名足球评论员

2016年4月16日，鸟巢，卡萨帝家庭马拉松首站。著名足球评论员刘建宏亲自参跑。

极致·冠军本色
仲满 北京奥运会男子佩剑冠军

2014年11月2日，上海国际马拉松赛。仲满代表卡萨帝亲自参赛，并分享他的冠军人生。

极致·爱是原点
孙茜、蔡远航夫妇
孙茜，金牛奖最佳女主角
蔡远航，启明东方暖大型活动副总裁

2014年11月2日，上海国际马拉松现场。蔡远航和孙茜夫妇代表卡萨帝家庭到场参跑。

优雅·温情万种
刘嘉玲 著名演员、歌手、一代影后

2017年10月17日，首届卡萨帝生活艺术节"你好！生活家"开幕。刘嘉玲现场为高端用户解读了卡萨帝生活，引领用户生活方式转型。

极致·睿智人生
撒贝宁 著名央视节目主持人、春晚主持人

2018年6月22日,重庆渝州宾馆。撒贝宁主持2018年卡萨帝思享荟名仕之约。

卡萨帝名人堂

极致·智慧无限
张泉灵 前央视主持人、跨界投资人

2017年6月22日,重庆,卡萨帝思享荟。张泉灵为卡萨帝点赞,并分享了她对格调生活的理解。

极致·大家风范
张志坚 国家一级话剧演员、人民艺术家

2017年6月22日,重庆,卡萨帝思享荟名流之夜。张志坚观看了卡萨帝的各大明星产品,并给予卡萨帝高度评价。

优雅·生活美学
杨澜 中国电视节目主持人、媒体人、传媒企业家、慈善家

2017年10月17日,乌镇,卡萨帝生活艺术节。杨澜出席现场并体验了卡萨帝产品,同时向全球高端用户解读卡萨帝生活。

优雅·用爱烹饪
林依轮 中国男歌手、演员、主持人、美食家

2017年3月9日,上海,中国家电及消费电子博览会。林依轮现身卡萨帝艺术展,变身卡萨帝艺术厨房大厨,精心烹制了家的美食,吸引众多媒体和观众的围观。

卡萨帝名人堂

优雅·灵感随心
蔡健雅 著名创作歌手、音乐创作人

2017年1月12日,卡萨帝携手《新周刊》,发布了"中国高端生活方式趋势"。蔡健雅到场并见证了这一重要时刻。

优雅·家的温度
刘孜 演员、主持人、跨界设计师

2016年9月9日,上海,卡萨帝首届"设计百人会高峰论坛"。刘孜分享了对卡萨帝人性化的功能设计和精致工艺的感受。

优雅·幸福呵护
李艾 知名女模特、演员、主持人

2017年3月9日,上海,中国家电及消费电子博览会。李艾深度展示了卡萨帝有情感、有温度的生活体验。

优雅 · 初心不悔
陈楚生 中国流行男歌手、原创音乐人

2016年1月22日,北京,卡萨帝年度思享盛典。陈楚生以歌寄情,现场演唱了写给儿子的歌,展现为人父后的深情一面。

卡萨帝名人堂

优雅·为爱奔跑
张斌 中国中央电视台主持人

2014年4月13日,北京,卡萨帝家庭马拉松。张斌与众家庭一同奔跑,一显身手。

卡萨帝名人堂

优雅·智慧人生
韩乔生 中央电视台、著名体育播音员

2014年8月30日,哈尔滨,卡萨帝家庭马拉松全国巡回赛。韩乔生亲临现场并倾情参与其中。

优雅·幸福呵护
胡蝶 中央电视台新闻主播、一级播音员、央视新闻中心首席出镜记者

2014年6月28日,西安,卡萨帝家庭马拉松。胡蝶作为本次活动主持人领跑马拉松。

卡萨帝名人堂

优雅 · 天籁之音
腾格尔 享有"西部歌王"美名的国家一级演员

2018年6月22日，重庆，2018卡萨帝思享荟名仕之约。腾格尔为思想荟带来了精彩演出，将活动带入了品牌体验之外的另一高潮。

优雅 · 世界之声
吴彤 享有国际声誉的民乐演奏家

2017年6月22日，重庆，卡萨帝2017年思享荟。吴彤以震撼心灵的力量和IP品牌的互动跨界表演，与卡萨帝融合世界的艺术设计灵感相得益彰。

卡萨帝名人堂

优雅·艺术无界
戴荃 流行乐歌手、原创音乐才子

2017年6月22日，重庆，卡萨帝思享荟名流之夜。戴荃带来的《悟空》《老神仙》两首作品惊艳四座，在卡萨帝思享荟的舞台上展现生命与艺术的张力。

卡萨帝名人堂

优雅·匠心永恒
潘粤明 著名影视演员

2018年6月22日，重庆，2018年卡萨帝思享荟名仕之约。潘粤明作为卡萨帝产品体验官参与盛会，分享了他的艺术人生与精致生活。

优雅·为爱不凡
李玟 亚洲流行天后、影视演员

2018年6月22日，重庆，2018年卡萨帝思享荟名仕之约。李玟为思享荟演唱了自己三首成名曲，并成为卡萨帝纤见PLUS的首位用户。

优雅·阳光游子
周华健 华语乐坛巨星、音乐人、演员

2017年10月17日,乌镇,卡萨帝首届生活艺术节。周华健现身说法,对卡萨帝人生的高端艺术生活方式进行了深层次解读。

卡萨帝名人堂

格调·爱的默契
任达华、琦琦夫妇
任达华,金像奖影帝　琦琦,名模

2016年6月23日,重庆,2016卡萨帝思享荟"臻爱·如初"活动。任达华和琦琦夫妇压轴走秀出场,并作为对话嘉宾分享时尚的态度与理念。

卡萨帝名人堂

格调 · 守护幸福
田亮、叶一茜夫妇
田亮，跳水世界冠军　叶一茜，女歌手、演员

2016年1月22日，北京，卡萨帝年度思享盛典。田亮和叶一茜这对明星家庭的亮相让现场更添温馨之感。

卡萨帝名人堂

格调·琴瑟共鸣
陈数、赵胤胤夫妇
陈数，中国影视女演员、中国国家话剧院演员　　赵胤胤，澳洲籍钢琴家

2015年10月30日，陈坤2015"行走的力量"影像展在北京揭幕。卡萨帝思享荟招募大使陈数和赵胤胤夫妇以行走见闻感悟品质生活，用初心之爱品味格调生活。

卡萨帝名人堂

格调·生活哲思
王小帅夫妇 中国第六代导演领军人物、独立电影先锋导演

2015年6月2日，北京，卡萨帝年度思享荟活动。王小帅携夫人出席，全面讲述了卡萨帝"味爱而生，让爱回归"的美食真谛。

卡萨帝名人堂

格调·经营有道
路金波、赵子琪夫妇
路金波，知名出版人，现任果麦文化传媒公司董事长
赵子琪，知名影视女演员

2016年6月23日，重庆，2016卡萨帝思享荟活动。路金波和赵子琪这对明星思享家夫妇出席思享荟现场，与其他嘉宾共同探讨"家的艺术"。

格调·为爱前行
熊汝霖、吴琼夫妇
熊汝霖，《梦想中国》冠军
吴琼，内地女歌手

2014年12月7日，昆明，卡萨帝家庭马拉松。熊汝霖和吴琼夫妇与当地逾千名家庭跑爱好者一起，共同完成了冬季里"最温暖"的三千米家庭跑。

卡萨帝名人堂

格调·相知相伴
喻恩泰 知名影视演员、主持人

2016年1月22日,北京,卡萨帝年度思享盛典。喻恩泰、史林子夫妇出席活动,共同探讨"艺术蕴于生活"。

卡萨帝名人堂

格调·品味本真
杜江 影视演员

2016年1月22日,北京,卡萨帝年度思享盛典。杜江带来了卡萨帝的生活艺术理念,更带来兼具艺术品位和人性温暖的高端生活方式。

卡萨帝名人堂

格调·爱情力量
白冰 演员，出演《隋唐演义》《画皮之真爱无悔》

2018年8月9日，成都，卡萨帝家庭马拉松。白冰夫妇参跑，并对卡萨帝所倡导的重视家庭价值、陪伴、关爱家人的观念非常认可。

卡萨帝名人堂

格调·与子携手
沙溢、胡可夫妇
沙溢，知名影视演员
胡可，知名影视演员

2015年6月2日，北京，卡萨帝思享荟。胡可与沙溢夫妇受邀出任思享荟招募大使。他们面向中国精英家庭，招募会员加入思享荟。

格调·爱是分享
吴敏霞 中国女子跳水奥运冠军

2017年5月21日，长沙，卡萨帝家庭马拉松。卡萨帝赠与了吴敏霞、张效诚夫妇双子云裳洗衣机以及鼎级云珍冰箱，祝愿他们能"一起跑，慢慢爱"。

卡萨帝名人堂

格调·亲密无间
陈露 中国首位花滑世界冠军

2014年5月10日,深圳,卡萨帝家庭马拉松。陈露以全家参跑的行动,号召中国高端家庭用最健康的方式,在彼此的默契与陪伴中"慢享"家庭幸福时光。

2008.6
卡萨帝法式对开门冰箱、意式三门冰箱等三款产品获得德国"Plus X大奖",成为亚洲唯一获此殊荣的冰箱品牌,同时获奖产品数量居全球第二。

2008.5
作为家电行业唯一入选品牌,卡萨帝法式对开门冰箱获得第24届美国"金锤奖"。

2010.11
由《IT经理世界》举办的"创新十年——新技术,新经济,新十年"评选颁奖典礼举行。会上,卡萨帝物联网冰箱荣膺"未来十年创新产品领袖奖"。

2011.1
因颠覆性的设计与高科技的完美结合,卡萨帝法式六门冰箱在第二届家电"红顶奖"颁奖盛宴上摘得2010-2011年度冰箱类唯一"红顶奖"。

2011.4
荣获iF国际设计大赛金奖的卡萨帝云PAD正式发布。

2011.5
在2011上海厨卫展上,卡萨帝展示了全球首个获得"iF工业设计大奖"的成套系列家电产品——卡萨帝白色水晶套系,包括了冰箱、洗衣机、烤箱、油烟机、燃气灶、消毒柜、电热水器、燃气热水器、空调共九款产品。

2011.12
卡萨帝获得由《地产》杂志颁布的"地产部品行业最具影响力品牌",并获得"地产行业最佳供应商"称号。

2012.3
卡萨帝JS-306S酒柜荣获2012年中国家电博览会"艾普兰酒柜产品奖"。

2013.3
卡萨帝意式三门冰箱、六门冰箱、对开门冰箱等款产品集体获得"红点设计大奖"殊荣。

2013.9
德国柏林国际消费类"IFA"展与第九届国家用电器创新奖"典礼同时举行。卡萨帝三代法式对开门冰箱获"技术创新奖",728升超大容积开创式冰箱容量的新纪录。

2008.9
卡萨帝意式三门冰箱荣获美国《商业周刊》与美国工业设计师协会(IDSA)共同评选的2008年"国际杰出设计奖"。这是本年度唯一获奖的冰箱产品。

2006
卡萨帝产品开始研发,并坚持以原创定义全球高端家电的最高标准。首批产品设计荣获了"中国创新设计红星奖"的最高荣誉——"至尊金奖"。

2009.5
世界权威创意经济研究机构——ICEC(世界创意经济研究中心)公布了2008年度影响世界的十大创意产品名单,卡萨帝法式对开门冰箱凭借"超级空间"成为唯一入选的冰箱品牌。

2007.5
卡萨帝洗衣机荣获德国汉诺威工业论坛设计中心颁发的,具有"设计界奥斯卡"之称的"iF工业设计大奖"。

2007.9.20
卡萨帝品牌在于北京举行的"现在,进入未来——Casarte生活品鉴会"上正式发布。

2008.3
卡萨帝意式三门冰箱"红点奖"的最高奖"红点至尊奖"。这是箱业首次夺得该项大奖

2009.9
卡萨帝三门冰吧荣获"iF工业设计大奖"。

2009.9
卡萨帝革命性地取消了滚筒洗衣机诞生以来用于强制稳定洗衣机的配重块,推出的"卡萨帝复式滚筒洗衣机",摘得由工信部等十余家权威单位联合发起的洗衣机行业"十大节能明星产品"大奖。

2010.6
为指引中国高端人群如何追求高品质生活,卡萨帝在上海世博园发布了《格调生活白皮书》。

2011.11
卡萨帝获得零点研究咨询集团组织周研的首届零点民声"金铃奖"——"用户之声企业奖"之"产品创意"奖,成为唯一获得地产行业"产品创意奖"的家电企业。

卡萨帝大事记
CASARTE CHRONICLE OF EVENTS

2017.3
在上海家电博览会上,卡萨帝发布全球首台F+自由嵌入冰箱,完成了"细胞级养鲜"技术的第三次迭代。

2018.8
德国"IFA"展上,卡萨帝品牌获评2018年度最具创新力家电品牌。同时,卡萨帝燃气热水器CH3恒温瀑布洗系列、高端成套用水解决方案和臻藏+冰吧分获 "年度产品创新成果奖""年度卓越创新成果奖"和"年度产品创新成果奖"。

2017.3
德国红点奖公布评选结果。卡萨帝全景抽屉对开门冰箱、红外恒温酒箱和自由嵌入六门冰箱同时摘得这项工业设计领域荣誉,成为冰箱行业前瞻性的设计趋势。

2018.1
凭借全球独创的自由嵌入设计方案,在德国"iF工业设计大奖"公布的获奖名单中,卡萨帝F+自由嵌入式冰箱、自由嵌入式法式四门冰箱荣登榜单。

2017.10
卡萨帝首届生活艺术节在乌镇开启。杨澜、刘嘉玲、周华健、撒贝宁等各界名人名家出席活动。

2017.2
德国第64届"iF工业设计大奖"设计榜单揭晓,卡萨帝幂级云裳洗衣机斩获"iF工业设计大奖",卡萨帝由此成为史上首例连续四年斩获"iF工业设计大奖"的高端家电品牌。

2017.9
国际电子消费展在德国柏林开幕,"中国家用电器创新成果评选"同步揭晓。卡萨帝晶典传奇CT1燃气热水器斩获"年度工业设计创新成果"大奖,率先打开高端热水器需求突破口。

2017.1
卡萨帝鼎级云珍冰箱、强力波洗衣机、固态制冷酒柜和云鼎空调荣膺第八届中国高端家电及消费电子"红顶奖"4个品类的至尊大奖,成为唯一揽获4个品类至尊大奖的高端家电品牌,获奖数量也为所有品牌中最多。

2015.6
作为中国首个由家电品牌打造的高端家庭生活艺术体验平台,卡萨帝在北京开启了"思享荟"的首次高端美食艺术沙龙——"思·厨"夜宴。年内,卡萨帝思享荟覆盖人群高达11.49亿。

2017.1
世贸绿色环保机构颁发了"全球细脆技引领奖",获奖者是来自国际高端牌卡萨帝的新品——自由嵌入六门冰是该机构2017年颁出的第一个奖项。

2015.3
冰箱压缩机的走走停停正式封存在历史里,取而代之的是卡萨帝气悬浮无油压缩机。

2016.8
当家电行业的服务模式还停留售后维修时,卡萨帝在全球率管家七星服务标准",成为全务标准。

2015.3
卡萨帝推出世界首台双滚筒洗衣机——双子云裳双滚筒洗衣机。其一机双筒的颠覆是洗衣机行业的一次蝶变,当年便成为史上首例获得两项"iF工业设计大奖"的产品。

2016.6
秉承"发现生活,为爱进取"的品牌理念,卡萨帝MLA思享荟"臻爱·如初"活动在重庆开幕。

2014.7
卡萨帝朗度系列法式对开门冰箱荣获"红点设计大奖"。

2015末
卡萨帝发布了匠心4.0制造体系,不仅实现了制造工艺的迅速提升,还为品牌注入了全新的品牌理念和高端制造基因,成为引领中国制造转型的序曲。